Daniela Blass

Hausaufgaben – kein Problem

Daniela Blass

Das 28-Tage-Erfolgsprogramm

Hausaufgaben – kein Problem

Weitere Titel bei Urania:
Stefanie Glaschke: Erfolgreich lernen für die Grundschule. ISBN 3-332-01448-X
Dr. Christiane Kaniak-Urban / Katharina Schlampp: Mit Spaß und Erfolg durch die Grundschule. ISBN 3-332-01193-6
Dawna Markowa / Anne R. Powell: Hausaufgaben ohne Stress. ISBN 3-332-01094-8
Peter Struck: Schule macht Spaß. ISBN 3-332-01351-3
Helmut Weyhreter: Konzentrationsschwäche. ISBN 3-332-01090-5

Die Autorin: Daniela Blass hat Anglistik und Romanistik studiert, war im Schuldienst und als Unternehmensberaterin tätig und leitet seit 1995 als selbstständige Partnerin eine STUDIENKREIS-Schule. Ihr besonderes Interesse gilt der Vermittlung von Lern- und Arbeitstechniken. Hierzu entwickelte sie ein umfangreiches Trainingsprogramm, das seit Jahren im STUDIENKREIS eingesetzt wird.

Bibliografische Information Der Deutschen Bibliothek
Die Deutsche Bibliothek verzeichnet diese Publikation in der Deutschen Nationalbibliothek; detaillierte bibliografische Daten sind im Internet über http://dnb.ddb.de abrufbar.

Die Verwertung der Texte und Bilder, auch auszugsweise, ist ohne Zustimmung des Verlags urheberrechtswidrig und strafbar. Dies gilt auch für Vervielfältigungen, Übersetzungen, Mikroverfilmungen und für die Verarbeitung mit elektronischen Systemen.

Die Ratschläge in diesem Buch sind von Herausgeber und Verlag sorgfältig erwogen und geprüft, dennoch kann eine Garantie nicht übernommen werden. Eine Haftung des Herausgebers bzw. seiner Beauftragten für Personen-, Sach- und Vermögensschäden ist ausgeschlossen.

www.verlagsgruppe-dornier.de
www.urania-verlag.de

1 2 3 4 5   07 06 05 04 03

© Urania Verlag, Stuttgart
Der Urania Verlag ist ein Unternehmen der Verlagsgruppe Dornier.

Umschlaggestaltung: Behrend & Buchholz, Hamburg
Titelfoto: Rob Lewine / corbisstockmarket
Fotos: Photodisc; Redaktionsbüro Stark (S. 41, 49, 63, 95)
Redaktion: Jeanette Stark-Städele
Satz: Thoms BuchDesign
Druck: Westermann Druck Zwickau
Printed in Germany
ISBN 3-332-01451-X

Gedruckt auf alterungsbeständigem Papier mit chlorfrei gebleichtem Zellstoff

Inhalt

Einleitung 7

1. Woche: Die Rahmenbedingungen 9
- 1. Tag Die Einstellung: Welche Ziele verfolgen wir mit dem Training? 10
- 2. Tag Gestaltung des Arbeitsplatzes 14
- 3. Tag Der „Ranzensturz" 17
- 4. Tag Die Festlegung der Arbeitszeit 19
- 5. Tag „Konzentrationskiller" ausschalten 22
- 6. Tag Arbeitsatmosphäre und Rolle der Eltern 24
- 7. Tag Was wir schon geschafft haben! 28

2. Woche: Ablauf der Hausaufgaben – Regeln und Rituale 31
- 8. Tag Wie selbstständig arbeitet mein Kind? 32
- 9. Tag Dem Kind Verantwortung übertragen 34
- 10. Tag Der Ablauf der Hausaufgaben 38
- 11. Tag Der Zeitbedarf: Teilaufgaben, Reihenfolge, Pausen 42
- 12. Tag Anschieben und bremsen – Selbstkontrolle initiieren 48
- 13. Tag Konstruktiv kritisieren, positiv Feedback geben 54
- 14. Tag Die Verständigung zwischen Eltern und Kind 59

3. Woche: Gezielt helfen 63
- 15. Tag Wie viel Hilfe braucht mein Kind wirklich? .. 64
- 16. Tag Hilfen stufenweise reduzieren 66
- 17. Tag Ergebnisorientierung und Prozessorientierung 71

18. Tag	Der Einsatz prozessorientierter Methoden	75
19. Tag	Lerntypgerechte Unterstützung	77
20. Tag	Verbesserung: aus Fehlern lernen	79
21. Tag	Sich selbst entlasten, Helfer mobilisieren	81

Tipps und Tricks von A – Z (5 Seiten nur für Kids) 84

4. Woche: Fürs Leben lernen 89

22. Tag	In der Trickkiste stöbern, mit Lerntipps experimentieren	90
23. Tag	Der Umgang mit Texten: „Durchlesen" und mehr	90
24. Tag	Erzählen: das Ausdrucksvermögen verbessern	93
25. Tag	Mathe im Alltag	95
26. Tag	Informationsbeschaffung	97
27. Tag	Vertiefung von Themen des Unterrichts	98
28. Tag	Lernvertrag und Lernstrategien	99

**Ausblick – Das Kind wird älter:
neue Aufgaben, neue Herausforderungen** 102

Weitere Hilfen 103
   Entspannen und Konzentrieren –
   Übungen für Eltern und Kinder 104
   Konzentrationsübungen 108
   Checkliste Lese-Rechtschreibschwäche 116
   Checkliste Dyskalkulie 117
   Lerntypentest 118

Anhang 125
   Verordnung zur Gestaltung des Schulverhältnisses ... 125
   Bestimmungen über Hausaufgaben 126
   Weiterführende Literatur 127

Einleitung

Seit Jahrzehnten streiten Pädagogen über Sinn und Unsinn von Hausaufgaben: Die Pro-Hausaufgaben-Fraktion weist auf die Notwendigkeit vertiefender Übung hin und möchte die Schüler damit zu selbstständigem Arbeiten anleiten; die Gegner argumentieren, dass widerwillig erledigte, langweilige Hausaufgaben die Schüler eher am Lernen hindern, als sie zu fördern.

Aus Sicht der Eltern stellen sich ganz andere Fragen:
- Soll ich meinem Kind helfen oder besser nicht?
- Wie kann ich am besten helfen?
- Warum gibt es bei uns jeden Tag Stress, wenn die Hausaufgaben auf der Tagesordnung stehen?
- Soll ich ausbügeln, was der Lehrer am Vormittag versäumt hat?
- Muss ich jetzt einen Kurs in neuer Rechtschreibung belegen?
- Warum trödelt mein Kind immer so?
- Wie kann ich mein Kind unterstützen, wenn ich berufstätig bin?

Bei diesen Fragen setzt dieser Elternratgeber an. Wir werden uns nicht in die Diskussion der Fachleute einmischen, wir werden nicht über fantasielose Lehrer und stumpfsinnige Aufgaben lamentieren, sondern akzeptieren, dass uns die täglichen Hausaufgaben unserer Kinder sehr wahrscheinlich über Jahre hinweg begleiten werden. Aus den gegebenen Umständen das Beste für uns und unsere Kinder zu machen, damit werden wir uns beschäftigen.

Wenn man Schüler fragt, wann, wo und wie sie ihre Hausaufgaben erledigen, erhält man die unterschiedlichsten Antworten und erkennt eine ganz erstaunliche Bandbreite von

Einleitung

Möglichkeiten, die irgendwo zwischen Abschreiben in der Pause und sorgfältig durchdachter und organisierter Arbeit liegen.

Nun will ich Ihnen natürlich nicht die erste Variante empfehlen, aber ich möchte Sie und Ihr Kind mit diesem Buch ermutigen, den Gestaltungsspielraum auszuschöpfen, den die Hausaufgaben bieten.

Der oberste Grundsatz, an dem wir uns dabei orientieren werden, lautet:

> Die Hausaufgaben sind Sache des Schülers.

Machen Sie sich diesen Satz immer wieder bewusst, wenn Sie der Versuchung erliegen, Ihre eigenen Vorstellungen davon, wie Hausaufgaben erledigt werden sollten, gegen den Willen Ihres Kindes durchzusetzen. Nicht Sie sind dafür verantwortlich, dass die Hausaufgaben Ihres Kindes vollständig sind und den Anforderungen des Lehrers entsprechen, sondern Ihr Kind selbst. Im Zweifelsfall entscheidet Ihr Kind!

Das Elterntraining wird Ihnen zeigen, wie Sie es dabei unterstützen können, die richtigen Entscheidungen zu treffen, und wie Sie sich selbst dadurch entlasten.

Die vier Trainingswochen sind so angelegt, dass sie jeweils an einem Wochenende beginnen und enden, sodass Sie in der Regel sonntags die Arbeit der kommenden Woche vorbereiten und samstags die Arbeit der vergangenen Woche abschließen. Versuchen Sie, den Zeitplan möglichst einzuhalten, aber geraten Sie nicht in Panik, wenn Sie einmal nicht zum Weiterarbeiten kommen. Je entspannter Sie das Ganze angehen, desto größer ist die Aussicht auf Erfolg.

1. Woche:
Die Rahmenbedingungen

In der ersten Woche dieses Trainingsprogramms werden Sie gemeinsam mit Ihrem Kind die Rahmenbedingungen, unter denen es seine Hausaufgaben erledigt – wie Arbeitsplatz, Atmosphäre oder Arbeitszeit –, optimieren. Denn diese sichtbar veränderten äußeren Bedingungen setzen ein Zeichen und motivieren dazu, auch das eigene Verhalten zu überprüfen und zu verbessern.

1. Woche: Die Rahmenbedingungen

1. Tag – Die Einstellung: Welche Ziele verfolgen wir mit dem Training?

Welche Bedeutung messen die Eltern bzw. das Kind den täglichen Hausaufgaben zu? Gibt es hier große Meinungsunterschiede?

Bevor Sie sich mit Ihrem Kind an die Arbeit machen, nehmen Sie sich bitte etwas Zeit, um Ihre eigene Einstellung zu überprüfen und sich über Ihre Ziele klar zu werden. Diese Überlegungen treffen Eltern und Kind jeweils gesondert anhand eines Fragebogens.

Für die Eltern:
Der folgende kurze Fragebogen wird Ihnen dabei helfen, den Status quo zu klären und den Änderungsbedarf, den Sie im Hinblick auf die Erledigung der Hausaufgaben für notwendig erachten, festzustellen:

Welche Bedeutung haben die Hausaufgaben meines Kindes für mich?	wichtig	weniger wichtig	un- wichtig
Wie viele Hausaufgaben hat mein Kind normalerweise zu erledigen?	zu viel	gerade richtig	zu wenig
Wie viel Zeit wendet mein Kind für die Hausaufgaben auf?	zu viel	ange- messen	zu wenig
Wie schwer fallen die Hausaufgaben meinem Kind?	schwer	normal	leicht
Wie häufig braucht mein Kind Unterstützung bei den Hausaufgaben?	immer/ oft	manch- mal	selten/ nie
Ich helfe meinem Kind eher	zu viel	nach Bedarf	zu wenig
Wie häufig gibt es in unserer Familie Streit wegen der Hausaufgaben?	immer/ oft	manch- mal	selten/ nie

1. Tag – Die Einstellung

Kreuzen Sie bitte zu den jeweiligen Fragen das Feld an, das den aktuellen Zustand am ehesten beschreibt.

Anschließend sollten Sie Ihr Kind darüber informieren, dass Sie gemeinsam mit ihm versuchen möchten, einige Dinge rund um die Hausaufgaben zu verbessern.

Um eine Vorstellung davon zu gewinnen, wie Ihr Kind die derzeitige Situation einschätzt, bitten Sie es, seinerseits die folgenden Fragen zu beantworten:

Wie wichtig findest du Hausaufgaben?	wichtig	weniger wichtig	unwichtig
Wie viele Hausaufgaben hast du normalerweise zu erledigen?	zu viel	gerade richtig	zu wenig
Wie viel Zeit brauchst du für die Hausaufgaben?	zu viel	angemessen	zu wenig
Wie schwer fallen dir deine Hausaufgaben?	schwer	normal	leicht
Wie häufig brauchst du Hilfe bei den Hausaufgaben?	immer/oft	manchmal	selten/nie
Meine Eltern helfen mir bei den Hausaufgaben …	zu viel	nach Bedarf	zu wenig
Wie häufig gibt es in unserer Familie Streit wegen der Hausaufgaben?	immer/oft	manchmal	selten/nie

Kinder betrachten Hausaufgaben oft nur als lästiges Übel und sehen weder Sinn noch Zweck darin.

Sprechen Sie anschließend über Ihre Ergebnisse, vor allem über die Punkte, bei denen Ihre Einschätzungen voneinander abweichen.

Wo sehen Sie, wo sieht Ihr Kind die Notwendigkeit, etwas zu verändern bzw. zu verbessern?

1. Woche: Die Rahmenbedingungen

Führen Sie während des Trainings ein Tagebuch, in dem Sie alle Maßnahmen und Fortschritte dokumentieren.

Unsere gemeinsamen Ziele

Idealerweise finden Sie und Ihr Kind gemeinsame Ziele für dieses Training, denn es hat wenig Aussicht auf Erfolg, wenn Sie allein Ihre Vorstellung gegen die Interessen Ihres Kindes durchzusetzen versuchen. Einigen Sie sich mit Ihrem Kind auf mindestens drei Punkte, die Sie beide verbessern möchten, und schreiben Sie diese Ziele auf:

_____

_____

_____

Legen Sie nun zum Abschluss des ersten Tages ein Tagebuch an, in dem Sie während des Trainings täglich Ihre Beobachtungen notieren. Manchmal werden Sie im Verlaufe dieses Trainings direkt dazu aufgefordert, Sie sollten aber auch unabhängig davon alles festhalten, was Ihnen wichtig erscheint. Beobachten Sie genau auch kleine Veränderungen im Arbeitsverhalten Ihres Kindes und heben Sie besonders die Fortschritte Ihres Kindes im Tagebuch klar hervor. Außerdem können Sie in diesem Tagebuch Aktivitäten vormerken, die Sie für bestimmte Termine mit Ihrem Kind vereinbart haben, damit sie nicht in Vergessenheit geraten.

Die Bedeutung der Rahmenbedingungen

In diesem Tagebuch können Sie auch festhalten, wie Sie die Rahmenbedingungen für Ihr Kind verändern und welche Auswirkungen Sie dabei jeweils feststellen. Überlegen Sie immer wieder ganz genau, wie Sie die Abläufe zu Hause besser organisieren oder strukturieren könnten, damit Ihr Kind ein geregeltes Leben führen kann, das Voraussetzung für seine Leistungsfähigkeit ist.

1. Woche: Die Rahmenbedingungen

Wenn ein Kind zur Schule kommt oder die Schule wechselt, verändert sich der ganze Tagesablauf. Schlafens- und Essenszeiten müssen den neuen Gegebenheiten angepasst, neue Elemente in die tägliche Routine integriert werden. Sind diese von außen vorgegeben, wie etwa die Unterrichtszeiten in der Schule, gelingt das meist recht schnell; die Dinge, die innerhalb der Familie selbstständig organisiert werden müssen, werden jedoch oft vernachlässigt. Dabei sind Regelmäßigkeit und Wiedererkennbarkeit der Abläufe wesentliche Bausteine, die Ihrem Kind dabei helfen, sich in der neuen Situation zu orientieren und zu organisieren, und die ihm die Ruhe geben, sich konzentriert mit seinen Schulaufgaben zu befassen.

2. Tag – Gestaltung des Arbeitsplatzes

Eine geborgene, ruhige Atmosphäre ist wichtiger als perfektes Mobiliar.

Bevor Sie das nächste Möbelgeschäft stürmen, das Zimmer Ihres Kindes komplett umgestalten oder gar diesen Punkt überspringen, weil Sie keinen Platz für einen eigenen Schreibtisch für Ihr Kind haben, lassen Sie mich ein wenig aus meiner eigenen Erfahrung berichten. Ich selbst habe mangels eines anderen Arbeitsplatzes meine Hausaufgaben jahrelang am Küchentisch erledigt und meine schulischen Leistungen haben nicht darunter gelitten. Meine Tochter hatte einen eigenen Schreibtisch, trotzdem zog sie es meist vor, ihre Unterlagen auf dem Esstisch auszubreiten. Allein in ihrem Zimmer bei der Arbeit zu sitzen, fand sie zumindest in der Grundschulzeit eher unangenehm.

Erst in zweiter Linie kommt es also auf das Mobiliar an; viel wichtiger ist eine Umgebung, in der sich das Kind wohl fühlt und gerne arbeitet. Unter Umständen kann es sogar günstiger sein, die Hausaufgaben an einen Platz zu verlegen, der auf den ersten Blick wenig geeignet erscheint – wie der

2. Tag – Gestaltung des Arbeitsplatzes

Esstisch –, zum Beispiel, wenn Ihr Kind häufig Ihre Unterstützung braucht oder sich ganz einfach sicherer fühlt, wenn Sie in der Nähe sind.

Tipp:
Da es sich bei der Gestaltung des Arbeitsplatzes sowie der Schaffung weiterer Rahmenbedingungen für konzentriertes Arbeiten überwiegend um vorbereitende Tätigkeiten handelt, die unabhängig von den eigentlichen Hausaufgaben auszuführen sind, teilweise aber relativ viel Zeit beanspruchen, ist zu überlegen, ob diese erste Woche des Trainings in die Ferienzeit gelegt werden kann.

Worauf es ankommt
Eigentlich sind es nur wenige Kriterien, die unbedingt erfüllt werden müssen: Am wichtigsten ist ein fester Platz, der regelmäßig für die Hausaufgaben genutzt werden kann. Achten Sie auf eine angenehme Temperatur, frische Luft und ausreichende Beleuchtung.

1. Woche: Die Rahmenbedingungen

> Der Arbeitsplatz sollte ein ruhiges Arbeiten ohne größere Störungen ermöglichen und während der Arbeit frei von Gegenständen sein, die nicht benötigt werden und ablenken könnten. Schließlich muss dafür gesorgt sein, dass alle erforderlichen Arbeitsmaterialien und Hilfsmittel ohne Unterbrechung der Arbeit greifbar sind.

Wenn diese Materialien nicht ständig am gewählten Arbeitsplatz verbleiben können, bietet sich eine Kiste, Schubladenbox oder Ähnliches an, die jeweils zu Beginn der Arbeit bereitgestellt wird.

Die Muss-Kriterien

Überlegen Sie genau, durch welche Maßnahmen Sie die Arbeitsbedingungen Ihres Kindes verbessern können.

Überprüfen Sie nun, ob und wie Sie folgende Muss-Kriterien umsetzen können.

Muss-Kriterien:	Erfüllt?	Was ist zu tun?
Fester Platz, der regelmäßig für die Hausaufgaben genutzt werden kann		
Ruhe, möglichst wenig Ablenkung von außen, keine Störungen		
Erforderliche Hilfen sind ohne Unterbrechung der Arbeit greifbar		
Angemessene Temperatur, frische Luft, ausreichende Beleuchtung		

3. Tag – Der „Ranzensturz"

Haben Sie schon einmal versucht, mit einem stumpfen Messer Kartoffeln zu schälen oder Ihre Wäsche mit einem Bügeleisen zu bearbeiten, das nicht richtig heiß wird? Das Ergebnis dieser Arbeit wird kaum überzeugend ausgefallen sein, vom zusätzlichen Zeitaufwand ganz zu schweigen.

Ähnliche Erfahrungen macht Ihr Kind, wenn sein „Handwerkszeug" unvollständig oder unbrauchbar ist – es kann gar nicht richtig arbeiten, selbst wenn es sich noch so große Mühe gibt: Ohne Lineal kann man keine geraden Linien ziehen, ein stumpfer Bleistift schmiert, und fliegende Blätter im Schulranzen haben meist keine große Überlebenschance.

Ohne ein gewisses Maß an Ordnung und Übersichtlichkeit ist erfolgreiches Arbeiten nicht möglich.

> Aufräumen ist also angesagt! Dabei sollte Ihr Kind den Ton angeben, denn selbst festgelegte Ordnungskriterien werden leichter eingehalten als vorgegebene. Machen Sie gegebenenfalls Vorschläge, aber auf keinen Fall Vorschriften.

Vielleicht haben Sie Lust, „Sekretärin" zu spielen und die Ideen Ihres Kindes zu notieren oder eine Einkaufsliste zu führen.

Aufräumen – Schritt für Schritt
1. Schritt: Bitten Sie Ihr Kind, den gesamten Ranzeninhalt sowie alle an anderer Stelle aufbewahrten Schulmaterialien auf dem Tisch auszubreiten. Sortieren Sie gemeinsam entweder nach der Art der Materialien (Bücher, Hefte, Ordner, Mäppchen usw.) oder nach den einzelnen Fächern.
2. Schritt: Fragen Sie Ihr Kind, was es tun würde, wenn morgen ein Sonderpreis für den ordentlichsten Schulranzen

1. Woche: Die Rahmenbedingungen

Systematisches und zielgerichtetes Vorgehen kann man nicht früh genug lernen.

vergeben würde. Notieren Sie die Vorschläge. Falls Ihr Kind wesentliche Punkte übersieht, können Sie es natürlich darauf aufmerksam machen. Denken Sie jedoch daran, ihm nicht Ihre eigenen Ordnungsvorstellungen aufzuzwingen.

3. Schritt: Überlegen Sie gemeinsam, welche Materialien zusätzlich als Reserve vorhanden sein sollten (verschiedene Hefte, Tintenpatronen usw.).

4. Schritt: Gehen Sie gemeinsam einkaufen! Sofern keine Vorgaben vonseiten der Schule bestehen (zum Beispiel bestimmte Farben für bestimmte Fächer), sollte Ihr Kind auswählen dürfen, was ihm gefällt. Achten Sie aber auch auf vernünftige Qualität: Ein Lineal aus Holz ist zum Beispiel wesentlich stabiler als eines aus Plastik, Schnellhefter aus Pappe werden sehr schnell unansehnlich usw.

5. Schritt: Setzen Sie die guten Vorschläge Ihres Kindes in die Tat um!

6. Schritt: Nehmen Sie sich den Stundenplan für den nächsten Tag vor und packen Sie nur ein, was tatsächlich benötigt wird!

7. Schritt: Legen Sie gemeinsam mit Ihrem Kind einen Wochentag fest, an dem der Inhalt des Schulranzens überprüft und falls erforderlich ergänzt wird. Markieren Sie diesen Tag im Kalender oder auf dem Stundenplan.
8. Schritt: Freuen Sie sich gemeinsam über das Ergebnis Ihrer Arbeit! Loben Sie Ihr Kind für seinen großen Einsatz.

Tipp:
Wenn die Bestandsaufnahme ein allzu großes Chaos zutage fördert, ist der „Ranzensturz" unter Umständen nicht an einem einzigen Tag zu bewältigen. Selbstverständlich kann diese Aufgabe auch auf zwei Tage verteilt werden (Planung/Umsetzung). In diesem Fall sollten Sie unbedingt eine verbindliche Verabredung treffen, damit das Vorhaben nicht auf die berühmte „lange Bank" geschoben wird.

4. Tag – Die Festlegung der Arbeitszeit

Zur Routinebildung ist es unerlässlich, feste und regelmäßige Arbeitszeiten einzuhalten. Aus eigener Erfahrung werden Sie bestätigen können, dass es wesentlich leichter fällt, feste Termine wahrzunehmen, anstatt sich jeden Tag aufs Neue „aufraffen" zu müssen, eine Entscheidung zu treffen, ob und wann man mit der Arbeit beginnt.

Feste Termine erleichtern das Arbeiten.

Aber welches ist nun der richtige Zeitpunkt für die Erledigung der Hausaufgaben? Das ist eine Frage, die pauschal nicht zu beantworten ist, denn dabei spielen zu viele individuelle Faktoren eine Rolle. Häufig besteht die Schwierigkeit darin, biologische und soziale Erfordernisse miteinander zu vereinbaren.

„Ein voller Bauch studiert nicht gern", besagt schon ein altes Sprichwort. In der Tat haben die meisten Menschen nach einer ausgiebigen Mahlzeit ein Leistungstief. Der Körper ist dann mit der Verdauung beschäftigt, die nötige Energie zur Arbeit ist nur eingeschränkt verfügbar. Wer sich also unmittelbar nach dem Mittagessen an die Hausaufgaben setzt, macht es sich möglicherweise unnötig schwer.

Die beste Lernzeit
Versuchen Sie gemeinsam mit Ihrem Kind die beste Lernzeit zu ermitteln, indem Sie zunächst die biologischen Hochs und Tiefs des Tages herausfinden. Erklären Sie ihm, dass Menschen nicht immer gleich leistungsfähig sind. Manche sind zum Beispiel ausgesprochene Morgenmuffel und brauchen eine dementsprechend lange Anlaufzeit, andere stehen auf und könnten Bäume ausreißen.

Bitten Sie Ihr Kind nun, für jede angegebene Uhrzeit in der folgenden Tabelle einzutragen, wie es sich zu diesem Zeitpunkt fühlt. Markieren Sie dann die bisherige Hausaufgabenzeit mit zwei senkrechten Linien und überprüfen Sie, ob diese mit einem „Hoch" zusammenfällt. Falls nicht, diskutieren Sie mit Ihrem Kind, ob eine Verschiebung möglich und sinnvoll ist.

Meine Leistungskurve

Biologische und soziale Gegebenheiten müssen bei der Festlegung der Arbeitszeit gleichermaßen berücksichtigt werden.

topfit																
gut drauf																
geht so																
schlapp																
nix los																
Uhrzeit	6	7	8	9	10	11	12	13	14	15	15	17	18	19	20	21	22

1. Woche: Die Rahmenbedingungen

In der Praxis gibt es für die Nutzung der optimalen Leistungsfähigkeit allerdings häufig Hindernisse durch anderweitige Verpflichtungen am Nachmittag, Verabredungen mit Freunden (die um 15 Uhr schon mit ihren Hausaufgaben fertig sind), vielleicht auch einfach der Wunsch Ihres Kindes, möglichst schnell mit der Arbeit fertig zu sein.

Wenn Ihr Kind bei den Hausaufgaben noch viel Unterstützung benötigt und Ihre Anwesenheit erforderlich ist, müssen Sie auch noch Ihre eigene Terminplanung berücksichtigen – alles in allem also keine leichte Aufgabe.

Wenn letztlich vielleicht doch nur die Zeit kurz nach dem Mittagessen übrig bleibt, können Sie dafür sorgen, dass das Leistungstief nicht allzu extrem ist, indem Sie nur ein leichtes Mittagessen einplanen.

Zum Abschluss dieser Trainingseinheit vereinbaren Sie mit Ihrem Kind noch, wie dafür gesorgt wird, dass die festgelegte Zeit auch eingehalten wird. Versuchen Sie nach Möglichkeit, nicht selbst die Verantwortung zu übernehmen (zum Beispiel indem Sie Ihr Kind erinnern). Wenn Ihr Kind eine Hilfestellung braucht, ist es günstiger, diese „neutral" zu gestalten, etwa indem ein Wecker gestellt wird.

5. Tag – „Konzentrationskiller" ausschalten

Jedes Kind kann sich konzentrieren – wenn es an der Sache interessiert ist!

Mit der Arbeit beginnen ist eine Sache, konzentriert bei der Arbeit bleiben eine andere. In dieser vorbereitenden Phase des Trainings geht es zunächst darum, äußere Faktoren auszuschalten, die die Konzentration beeinträchtigen könnten.

Auch wenn Sie vielleicht den Eindruck haben, dass Ihr Kind sich schlecht konzentrieren kann, werden Sie feststellen, dass die Konzentrationsfähigkeit stark von der Motivation für die jeweilige Aufgabenstellung abhängt. Generell soll-

5. Tag – „Konzentrationskiller" ausschalten

ten Sie berücksichtigen, dass die Zeitspanne, während der sich ein Kind auf eine Aufgabe konzentrieren kann, im Grundschulalter maximal eine halbe Stunde beträgt.

Denken Sie einmal darüber nach, bei welcher Tätigkeit Ihr Kind wirklich „voll bei der Sache" ist. Das kann ein Spiel sein, ein Puzzle oder vielleicht eine Lego-Konstruktion nach Bauanleitung.

Mithilfe der folgenden Übung können Sie Ihrem Kind bewusst machen, wie unangenehm Störungen sind, wenn man konzentriert an einer Sache arbeiten möchte. Es lernt dabei auch erkennen, welche Störungen es gibt, und wie man sie abstellen kann.

Spiel: „Tauschen wir die Rollen und du störst mich!"

Schlagen Sie Ihrem Kind ein „Spiel" vor, bei dem Sie die Rollen tauschen: Sie übernehmen die Lieblingsbeschäftigung Ihres Kindes und Ihr Kind soll versuchen, Sie mit allen nur erdenklichen Mitteln zu stören und abzulenken – Wiederholungen des gleichen „Störmanövers" können eventuell ausgeschlossen werden.

Nach etwa fünf Minuten (in denen Sie wahrscheinlich nicht viel geleistet haben) legen Sie eine Pause ein und notieren alle Störungen auf einzelnen Zetteln. Sind Sie der Meinung, dass die Liste noch nicht lang genug ist, können Sie das Spiel noch einmal umgekehrt spielen.

Lassen Sie Ihrer Kreativität freien Lauf: Sie können zum Beispiel Radio und/oder Fernseher einschalten, den Staubsauger in Gang setzen oder angeregt mit Ihrer besten Freundin telefonieren.

Sprechen Sie anschließend mit Ihrem Kind über Ihre und seine Erfahrungen bei diesem Spiel: Welches waren die massivsten Störungen? Wie haben Sie bzw. wie hat Ihr Kind diese Störungen empfunden?

Es ist wichtig, sich einmal genau bewusst zu machen, wie massiv Störungen im Hintergrund die Arbeit beeinträchtigen.

1. Woche: Die Rahmenbedingungen

Gehen Sie anschließend die Notizzettel gemeinsam mit Ihrem Kind noch einmal durch: Welche Störungen können von vornherein ausgeschaltet werden, wenn man sich auf eine Arbeit konzentrieren möchte? Lassen Sie Ihr Kind hierzu Vorschläge machen. Zum Abschluss können Sie gemeinsam ein Poster gestalten, das die wichtigsten Punkte zusammenfasst und zur Erinnerung am Arbeitsplatz aufgehängt werden kann.

Folgendermaßen könnte dieses Poster gestaltet werden:

Vor der Arbeit:
- Radio und Fernseher ausschalten
- Alle unwichtigen und störenden Dinge wegräumen
- Zimmertür schließen / „Bitte nicht stören"-Schild aufhängen
- Handy abschalten

---

6. Tag – Arbeitsatmosphäre und Rolle der Eltern

Achten Sie darauf, Ihr Kind nicht zu „überwachen".

Was tun Sie eigentlich, während Ihr Kind an den Hausaufgaben sitzt? Erstaunt Sie die Frage? Vielleicht stellt sie sich Ihnen gar nicht, weil Sie tun und lassen können, was Sie wollen. Aber dann würden Sie dieses Buch wahrscheinlich nicht lesen. Vielleicht sind die Hausaufgaben Ihres Kindes aber auch ein Fulltimejob für Sie und Sie sitzen womöglich die ganze Zeit daneben und achten darauf, dass Ihr Kind alles richtig macht, nichts vergisst, ordentlich schreibt und dergleichen mehr.

6. Tag – Arbeitsatmosphäre und Rolle der Eltern

Sicher kennen Sie die folgende Situation aus eigener Erfahrung: Ihr Chef schaut Ihnen bei der Arbeit über die Schulter und gibt ständig mehr oder weniger wohlwollende Kommentare ab.

Versetzen Sie sich in diese Situation und schreiben Sie auf, wie Sie sich dabei fühlen:

___

___

___

Nicht besonders wohl, oder? So oder ähnlich fühlt sich wahrscheinlich Ihr Kind, wenn Sie bei den Hausaufgaben neben ihm sitzen und jeden Strich auf dem Papier mit Argusaugen begutachten. Deshalb sollten Sie darauf achten, Ihre Aufmerksamkeit nicht ausschließlich auf die Tätigkeit Ihres Kindes zu richten – selbst wenn es möchte, dass Sie neben ihm sitzen.

Auch wenn Ihr Kind Sie als Ansprechpartner braucht, muss es selbst entscheiden dürfen, wann es Ihre Hilfe in Anspruch nimmt und wann es alleine zurechtkommt. Dies wird aber kaum gelingen, wenn Sie die Regie und damit die Verantwortung für die Arbeit Ihres Kindes übernehmen. Ihr Kind wird sich kontrolliert und unter Druck gesetzt fühlen. Es wird möglicherweise das Gefühl bekommen, nichts gut genug zu machen, und sich unter Umständen dagegen wehren, indem es „sich dümmer anstellt, als es ist".

Vielleicht wird es Ihre uneingeschränkte Aufmerksamkeit aber auch so sehr genießen, dass es mit allen nur denkbaren Taktiken versucht, die Hausaufgabensituation so lange wie möglich aufrechtzuerhalten.

> Alles in allem erscheint es also eher kontraproduktiv, dem Kind bei seinen Hausaufgaben die volle elterliche Aufmerksamkeit zu schenken.

Gehen Sie selbst einer ruhigen, angenehmen Beschäftigung nach, während Ihr Kind seine Hausaufgaben erledigt.

Sie können die Situation deutlich entkrampfen, indem Sie zwar anwesend und ansprechbar sind, gleichzeitig aber einer eigenen Beschäftigung nachgehen und nur eingreifen, wenn Ihr Kind Sie darum bittet. Diese Beschäftigung sollte daher so gewählt werden, dass Sie sie jederzeit kurzfristig unterbrechen können.

Es versteht sich von selbst, dass diese Tätigkeit Ihr Kind nicht von der Arbeit ablenken darf (also keine Arbeit, die Lärm verursacht, mit Umherlaufen verbunden ist oder die Ihr Kind spannend finden könnte und bei der es vielleicht gerne helfen würde). Eine ruhige Hausarbeit, wie zum Beispiel Bügeln, ist gut geeignet. Idealerweise jedoch ist es eine Tätigkeit, die Sie selbst als angenehm und entspannend empfinden. Vielleicht lesen Sie etwas oder nehmen sich eine Handarbeit vor.

> Wenn es Ihnen gelingt, die Hausaufgabenstunde nicht mehr als Belastung zu empfinden, als stressiges, notwendiges Übel, sondern sich vielleicht sogar darauf zu freuen, werden Sie bald feststellen, wie sich Ihre entspannte Haltung auf Ihr Kind überträgt.

Bitte denken Sie einmal darüber nach, welche Beschäftigungen für Sie in Frage kämen. Finden Sie mindestens drei Alternativen:

_____

_____

_____

Die „Spielregeln" während der Hausaufgaben
Sollte Ihr Kind eine solche „Arbeitsteilung" nicht gewohnt sein, klären Sie bitte mit ihm die Spielregeln, bevor Sie sie zum ersten Mal einsetzen:
- Den größten Teil deiner Aufgaben schaffst du ohne meine Hilfe.
- Während dieser Zeit kann ich etwas anderes tun.
- Ich bin in deiner Nähe, du kannst mich jederzeit fragen.
- Ich komme sofort, wenn du mich brauchst.

1. Woche: Die Rahmenbedingungen

7. Tag – Was wir schon geschafft haben!

Loben Sie Ihr Kind immer wieder für seinen Einsatz und seine Fortschritte.

Den Abschluss der ersten Woche bildet ein gemeinsamer Rückblick. Gehen Sie noch einmal die einzelnen Tage durch – vielleicht anhand Ihres Tagebuchs. Lassen Sie mit Ihrem Kind Revue passieren, was Sie gemeinsam in dieser Woche geleistet haben. Eine ganze Menge Punkte sind nun geklärt und Sie haben gute Voraussetzungen für die weitere Arbeit geschaffen – ein Ergebnis, auf das Sie stolz sein können!

Loben Sie bei Ihrer Betrachtung vor allem den Einsatz und die Leistung Ihres Kindes. Überlegen Sie sich dazu, wo ein besonderes Lob angebracht ist.
- Hat Ihr Kind sich bei einem bestimmten Punkt besonders große Mühe gegeben?
- Hat Ihr Kind gute Ideen gehabt?
- War Ihr Kind außergewöhnlich kooperativ?
- Haben Sie selbst Spaß an der Zusammenarbeit gefunden?

7. Tag – Was wir schon geschafft haben!

Versuchen Sie auf jeden Fall Punkte zu finden, die Sie ohne Einschränkung loben können. Es ist besser, einen kleinen Einzelaspekt hervorzuheben, als die gesamte Leistung halbherzig zu loben. Achten Sie auch bei der Formulierung darauf, dass Sie das Lob nicht einschränken oder in einem Nebensatz gar unbewusst zurücknehmen. Wenn Sie sich selbst aufmerksam beobachten, werden Sie feststellen, dass dies häufiger passiert, als Sie annehmen. Üben Sie deshalb an einigen Beispielen, Ihr Lob wirklich motivierend zu formulieren. Zum besseren Verständnis sind im Folgenden die ungünstig formulierten Passagen kursiv gedruckt:

„Deine Hefte sehen schon viel ordentlicher aus als letzte Woche. *Wenn du jetzt noch etwas schöner schreibst,* wird es echt klasse."

„Das Einkaufen mir dir hat wirklich Spaß gemacht. *Hoffentlich passt du auf die neuen Sachen auch gut auf.*"

„Deine Idee mit dem Wecker war richtig gut. *Meistens hat es ja auch geklappt.*"

Schreiben Sie nun auf, wofür und mit welchen Worten Sie Ihr Kind loben wollen:

1. Woche: Die Rahmenbedingungen

Eine kleine Belohnung im Sinne einer Anerkennung kann als Anreiz für weiteres Bemühen durchaus angebracht sein.

Ist eine Belohnung sinnvoll?

Wenn Ihr Kind Tag für Tag konzentriert arbeitet und sich anhand dieses Trainingsprogramms bemüht, sein Arbeitsverhalten zu verbessern, stellt sich natürlich die Frage, ob es dafür belohnt werden soll.

Grundsätzlich erscheint es nicht sinnvoll, jede Leistung eines Kindes zu „bezahlen". Auf lange Sicht sollten äußere Motivationsfaktoren zurücktreten. Das Kind soll vielmehr lernen, sich an seiner eigenen Leistung zu freuen und daraus weitere Motivation zu beziehen. Andererseits ist aller Anfang schwer und der besondere Einsatz der vergangenen Woche hat auch eine besondere Anerkennung verdient.

Das Wochenende bietet sich dafür an, mit Ihrem Kind gemeinsam etwas zu unternehmen, ihm also für eine gewisse Zeit Ihre ganze und uneingeschränkte Aufmerksamkeit zu widmen. Vielleicht gehen Sie ein Eis essen oder ins Kino, planen eine Vorlesestunde ein, basteln zusammen oder gehen ins Schwimmbad.

Sicher haben Sie noch mehr Ideen, womit Sie Ihrem Kind eine Freude machen könnten. Sie können natürlich auch mehrere Dinge anbieten, aus denen sich Ihr Kind etwas aussuchen darf.

Als Variante für ältere Kinder ist es auch denkbar, dass Ihr Kind einen Wunschzettel schreibt, aus dem Sie eine Belohnung aussuchen. Stellen Sie dabei aber klar, dass es nicht um die Erfüllung materieller Wünsche geht – der heiß ersehnte Hund gehört nicht auf diesen Zettel!

Was auch immer Sie gemeinsam tun – viel Spaß dabei!

2. Woche: Ablauf der Hausaufgaben – Regeln und Rituale

In der ersten Woche ging es um die Organisation des äußeren Rahmens für die Hausaufgaben; nun soll Ihr Kind lernen, Eigenverantwortung zu übernehmen und seinen Arbeitsablauf zu verbessern.

8. Tag – Wie selbstständig arbeitet mein Kind?

Ihr Kind wird im Verlauf dieser Woche lernen, seine Arbeit besser zu organisieren, zu planen und diese Planung auch einzuhalten.

Häufig fällt es uns schwer zu erkennen, ob und in welchem Ausmaß unsere Hilfe erforderlich ist und wann wir unterstützend eingreifen müssen. Schnell geraten wir dabei in die Gefahr, des Guten zu viel zu tun und unbewusst Lösungen anzubieten, die das Kind mit etwas Geduld vielleicht selber hätte finden können. Die Folgen für das Kind können fatal sein. Ein Kind mit wenig Selbstvertrauen denkt sich vielleicht: „Meine Mama glaubt, ich schaffe das nicht alleine. Wahrscheinlich bin ich zu dumm dazu. Ich kriege sowieso nichts richtig hin."

Eine andere denkbare Reaktion wäre: „Praktisch, dass Mama mir immer sagt, wie es geht. Da muss ich nicht selber nachdenken und bin viel schneller fertig. Das mache ich in Zukunft immer so!"

Die fünf Intensitätsstufen der Unterstützung
Um dieser Gefahr zu entgehen, sollten Sie sich darüber klar werden, wie viel Hilfe Ihr Kind tatsächlich benötigt. In der folgenden Tabelle sind unterschiedliche Intensitätsstufen der Unterstützung beschrieben. Bitte lesen Sie die Beschreibungen sorgfältig, rufen Sie sich die letzten Tage und Wochen ins Gedächtnis und versuchen Sie, den durchschnittlichen Unterstützungsbedarf Ihres Kindes einer Stufe zuzuordnen. Eventuell müssen Sie dabei nach verschiedenen Fächern und/oder Aufgabenstellungen differenzieren.

8. Tag – Wie selbstständig arbeitet mein Kind?

Stufe	Beschreibung **Mein Kind:**	Fach	Fach
0	arbeitet völlig selbstständig ist gut organisiert Zeitaufwand ist angemessen Ergebnis entspricht den Erwartungen		
1	arbeitet weitgehend selbstständig und zügig Ergebnis ist manchmal nicht zufrieden stellend benötigt Kontrolle bzw. Feedback		
2	benötigt Anschub, um mit der Arbeit zu beginnen braucht gelegentlich Hilfe zum Verständnis der Aufgaben braucht regelmäßige Kontrolle		
3	braucht häufig Hilfe zum Verständnis der Aufgaben ist gelegentlich unsicher beim Lösen der Aufgaben braucht einen Ansprechpartner, der bei Bedarf zur Verfügung steht		
4	ist häufig unsicher beim Lösen der Aufgaben erkennt oft nicht, worauf es ankommt braucht ständige Begleitung		
5	ist allein völlig hilflos; weiß nicht, was es tun soll ist nicht in der Lage, den Stoff des Unterrichts wiederzugeben ohne Hilfe sitzt es stundenlang vor dem leeren Blatt		

Stellen Sie fest, wie intensiv und regelmäßig bzw. bei welchen Aufgabenstellungen Ihr Kind Hilfe benötigt.

2. Woche: Ablauf der Hausaufgaben – Regeln und Rituale

Beim Ausfüllen dieser Tabelle kann es zunächst nur um eine grobe Einschätzung gehen, die Sie für den Unterstützungsbedarf Ihres Kindes sensibilisieren soll. Entscheiden Sie sich im Zweifelsfall für die niedrigere Stufe!

Beobachten Sie im Verlauf der kommenden Woche das Verhalten Ihres Kindes genauer und notieren Sie Ihre Beobachtungen täglich im Tagebuch. Sie werden dabei möglicherweise feststellen, dass abhängig von der jeweiligen Aufgabenstellung große Abweichungen entstehen. Halten Sie auch solche Besonderheiten unbedingt fest, denn um später zu entscheiden, womit Sie anfangen, ist es wichtig zu wissen, welche Aufgaben Ihrem Kind besonders leicht bzw. schwer fallen.

9. Tag – Dem Kind Verantwortung übertragen

Nehmen Sie Ihrem Kind nicht die Lösung seiner Probleme ab – zum Beispiel, wenn es nicht weiß, was es aufhat.

„Was hast du denn heute auf?" So fängt in den meisten Familien die Hausaufgabenzeit an. Leider beginnen damit manchmal auch schon die Probleme: „Warte mal, in Mathe Seite 54, nein, Seite 56 glaube ich … In Deutsch sollen wir ein Arbeitsblatt ausfüllen – wo hab ich das nur? Ich finde es nicht mehr …"

Kommt Ihnen das bekannt vor? Sicher hat jeder schon einmal ähnliche Antworten erhalten. Viel spannender allerdings ist die Frage, wie Sie in dieser Situation reagieren.

Rufen Sie sofort bei der Mutter eines Schulkameraden oder gar bei der Lehrerin an, um herauszufinden, was Ihr Kind eigentlich aufhat? Oder beklagen Sie zum hundertsten Mal die Vergesslichkeit bzw. Schlampigkeit Ihres Kindes und sind dabei überzeugt davon, dass Ihr ganzes Reden sowieso sinnlos ist?

9. Tag – Dem Kind Verantwortung übertragen

Wenn Sie sich bisher so verhalten haben, ist es nicht verwunderlich, dass sich nichts geändert hat.

Im ersten Fall nehmen Sie Ihrem Kind die Lösung des Problems ab, im zweiten Fall kritisieren Sie, ohne einen konkreten Anstoß zur Änderung des Verhaltens zu geben.

Besonders verwirrend ist es für Ihr Kind, wenn Sie beide Signale gleichzeitig oder abwechselnd aussenden. Es weiß dann einfach nicht, was es nun tun soll.

Vielleicht ist ihm gar nicht ausreichend klar, dass es sein eigenes Problem ist, wenn es nicht weiß, was es aufhat. Möglicherweise aber ist es auch Ihnen bisher nicht klar gewesen.

Vorsicht vor unklaren Absprachen!
Die Konsequenzen unklarer Absprachen kennen Sie sicher aus anderen Zusammenhängen: Jeder schiebt dem anderen die Verantwortung zu, keiner fühlt sich zuständig, niemand ist schuld, wenn eine Sache schief geht.

Zugegeben, es fällt nicht leicht, Verantwortung abzugeben und sich darauf zu verlassen, dass der andere seine Aufgabe zuverlässig erfüllt, aber nur so kann Ihr Kind Verantwortung erlernen. Dies bezieht sich nicht nur auf das Merken bzw. Notieren der Hausaufgaben, sondern auch auf andere Verpflichtungen.

> Sie sollten bei den Hausaufgaben Ihres Kindes im Wesentlichen die Rolle eines Beraters übernehmen, der Anstöße und Hilfestellungen gibt, die eigentliche Arbeit und vor allem die zu treffenden Entscheidungen jedoch dem Kind überlässt.

2. Woche: Ablauf der Hausaufgaben – Regeln und Rituale

Erinnerungshilfen anbieten

Schritt für Schritt können Sie Ihrem Kind die Verantwortung für Aufgabenbereiche übertragen; bieten Sie ihm dabei Hilfsmittel an.

In der letzten Woche haben Sie eine Reihe von Vorbereitungen getroffen. Überlegen Sie gemeinsam mit Ihrem Kind, für welche Bereiche es die alleinige Verantwortung übernehmen kann. Bieten Sie zusätzlich neutrale, das heißt von Ihnen unabhängige, Erinnerungshilfen an.

Einige Beispiele:
- Start der Hausaufgaben zu einem festgelegten Zeitpunkt (Erinnerungshilfe: Wecker, Markierung auf der Uhr)
- Ausschalten der „Konzentrationskiller" (Erinnerungshilfe: Merkposter, Checkliste)
- Vollständiges Arbeitsmaterial (Erinnerungshilfe: Haftnotizen auf der jeweils vorletzten Heftseite, Einkaufsliste für Nachschub an gut sichtbarer Stelle anbringen)

Wenn Sie Ihrem Kind bisher alle Verantwortung in schulischen Belangen abgenommen haben, fangen Sie bitte mit einem Punkt an. Sobald es diesen erfolgreich bewältigt, können weitere hinzukommen.

Der Lernvertrag

Kinder haben es gern, wenn Dinge schriftlich und „offiziell" geregelt sind.

Um die Verbindlichkeit Ihrer Absprache zu unterstreichen, können Sie diese schriftlich festhalten. Die meisten Kinder finden es spannend, wenn dies in Form eines Vertrags geschieht. Erklären Sie Ihrem Kind Sinn und Funktion eines Vertrags, zum Beispiel eines Miet- oder Kaufvertrags: A verspricht B eine Leistung, B garantiert A eine Gegenleistung.

Ihr Vertrag mit Ihrem Kind könnte zum Beispiel folgendermaßen aussehen:

9. Tag – Dem Kind Verantwortung übertragen

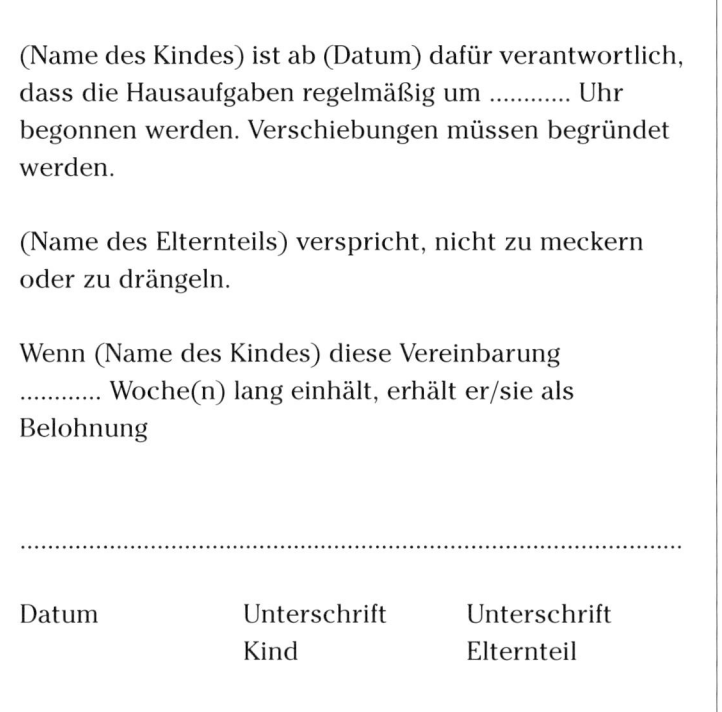

Notieren Sie das Ende der Laufzeit in Ihrem Tagebuch, damit Sie die Belohnung nicht vergessen.

„Was haben wir eigentlich auf?"
Und nun noch einmal zurück zur Frage „Was haben wir eigentlich auf?".

Welche Hilfsmittel nutzt Ihr Kind bisher, um sich seine Hausaufgaben zuverlässig zu merken? Führt es ein Hausaufgabenheft?

Wenn es häufiger den Überblick über seine Aufgaben verliert, wäre dieser kleine zusätzliche Arbeitsaufwand sicher sinnvoll. Doch wie können Sie Ihr Kind davon überzeugen?

Das Führen eines Hausaufgabenhefts ist sehr hilfreich.

2. Woche: Ablauf der Hausaufgaben – Regeln und Rituale

Machen Sie ihm klar, dass es seine Sache ist zu wissen, welche Hausaufgaben es wann erledigen muss, und dass Sie sich nicht mehr darum kümmern wollen. Bitten Sie es, „zur Sicherheit" die Hausaufgaben in der Schule aufzuschreiben, damit es nichts vergisst. Eventuell können Sie auch zunächst eine Probezeit, zum Beispiel von einer Woche, vereinbaren und danach gemeinsam entscheiden, ob das Führen des Hausaufgabenhefts als Hilfestellung notwendig ist.

> Entscheidend ist in jedem Fall, dass Sie konsequent bleiben und Ihrem Kind die Verantwortung nicht abnehmen. Notfalls bedeutet dies, dass es mit fehlenden oder unvollständigen Aufgaben in die Schule gehen muss und die entsprechenden Folgen trägt.

Bleibt das Problem dennoch über einen längeren Zeitraum bestehen, liegt die Schuld möglicherweise gar nicht bei Ihrem Kind. Vielleicht werden die Hausaufgaben in der Schule nicht klar genug angesagt. Haben andere Kinder in der Klasse ähnliche Schwierigkeiten? Wenn ja, sprechen Sie das Thema beim nächsten Elternabend an. Bitten Sie die Lehrkraft, alle Hausaufgaben anzuschreiben und den Kindern genügend Zeit zum Abschreiben zu lassen.

10. Tag – Der Ablauf der Hausaufgaben

Dank der Planungen der ersten Woche gelingt es inzwischen hoffentlich, dass Ihr Kind sich ohne Diskussionen pünktlich an die Arbeit macht. Doch leider kommt es häufig vor, dass der anfängliche Elan im Verlauf der Arbeit schnell verloren

10. Tag – Der Ablauf der Hausaufgaben

geht. Gerade für jüngere Kinder ist die aufzuwendende Zeit oft nicht überschaubar, sie verlieren schnell die Orientierung und damit auch die erforderliche Konzentration. Deshalb ist es wichtig, die Hausaufgaben nicht nur fest im Tagesablauf zu verankern, sondern auch im Ablauf der Hausaufgaben selbst fixe Orientierungspunkte zu setzen. Immer gleiche Rituale helfen dem Kind, die Arbeit zu strukturieren, und machen es somit unabhängig von Ihrer Steuerung.

Kinder lieben Rituale – das kann man auch bei den Hausaufgaben nutzen.

Ziel dieser Einheit ist es, den Ablauf der Hausaufgaben gemeinsam mit dem Kind so zu gestalten, dass kritische Phasen gut bewältigt werden. Erfahrungsgemäß sind dies:
- der Einstieg in die Arbeit
- „Durchhänger" durch Konzentrationsverlust oder plötzlich auftretende Probleme
- Beendigung der Arbeit

Rituale zum Einstieg

In dieser Phase unterstützen Sie Ihr Kind dabei, sich innerlich auf die Arbeit einzustimmen, sich zu sammeln und die volle Konzentration auf die bevorstehenden Aufgaben zu richten. Unter Umständen bedeutet dies zunächst einmal Abschalten, vor allem, wenn die vorausgegangene Beschäftigung mit großer körperlicher Aktivität verbunden war oder das Kind von einem bestimmten Ereignis emotional stark berührt ist. Geben Sie Ihrem Kind in diesem Fall Gelegenheit, zur Ruhe zu kommen, zum Beispiel indem Sie sich ruhig mit ihm unterhalten, etwas Musik hören, vorlesen oder es etwas malen lassen. Belastende Dinge, wie zum Beispiel Streit in der Familie oder mit Freunden, müssen geklärt sein, bevor es losgeht. Ist dies nicht möglich, verabreden Sie einen konkreten Zeitpunkt, zu dem das Thema ausführlich besprochen wird.

Vor Beginn der Hausaufgaben gilt es, sich zu sammeln und zur Ruhe zu kommen.

Der direkte Einstieg in die Hausaufgaben soll möglichst immer in denselben Schritten erfolgen:

2. Woche: Ablauf der Hausaufgaben – Regeln und Rituale

- Arbeitsplatz vorbereiten (falls nötig)
- Störungen ausschalten
- Überblick über die zu erledigenden Aufgaben verschaffen
- alle erforderlichen Unterlagen bereitlegen

Konkretisieren Sie nun diese Punkte gemeinsam mit Ihrem Kind. Achten Sie darauf, dass eindeutig festgelegt ist, welche Aufgaben Ihr Kind übernimmt und wobei Sie helfen.

Schritt	Was tun wir genau?	Wessen Aufgabe?
Arbeitsplatz		
Störungen		
Überblick		
Unterlagen		

Rituale bei „Durchhängern"

Festgelegte Maßnahmen können helfen, bei „Durchhängern" nicht völlig den Faden zu verlieren.

Viele Schwierigkeiten während der Arbeit lassen sich von vornherein vermeiden, indem das Pensum in kleine, überschaubare Einheiten aufgeteilt und rechtzeitige Pausen eingeplant werden. Wie dies geschehen kann, ist Thema des morgigen Tages. Dennoch kann es natürlich immer wieder einmal passieren, dass dem Kind während der Arbeit „die Luft ausgeht" oder eine unvorhergesehene Störung es aus dem Rhythmus bringt. Um zu vermeiden, dass es in einem solchen Fall völlig den Faden verliert, können Sie ein „Notfallprogramm" verabreden, das darin besteht, eine kleine Pause einzulegen. Diese sollte mit einem festgelegten Ritual ausgefüllt werden, zum Beispiel:

10. Tag – Der Ablauf der Hausaufgaben

- Arbeitsplatz verlassen
- Fenster öffnen, tief durchatmen
- in die Küche gehen, etwas trinken
- an den Arbeitsplatz zurückgehen
- eventuell die Arbeit zunächst mit einer anderen Aufgabe fortsetzen

Machen Sie Ihrem Kind auf jeden Fall klar, dass dieses Programm wirklich nur in Notfällen eingesetzt werden darf. Es verliert seine Wirkung, wenn es ständig benutzt wird.

Rituale zum Arbeitsende
Auch am Ende der Arbeit stehen einige Schritte, die möglichst regelmäßig und in immer gleicher Reihenfolge durch-

2. Woche: Ablauf der Hausaufgaben – Regeln und Rituale

Zum Abschluss stellt sich das schöne Gefühl, etwas geleistet zu haben, ein.

geführt werden sollten. Diese dienen zum einen dazu sicherzustellen, dass auch wirklich alles erledigt wurde, zum anderen der Vorbereitung auf den nächsten Schultag. Darüber hinaus kann Ihr Kind sich mit dem positiven Gefühl, seine Aufgaben zu einem guten Abschluss gebracht zu haben, von der Arbeit verabschieden. Legen Sie auch hier wieder gemeinsam fest, welche Schritte durchzuführen sind und wo gegebenenfalls Ihre Hilfe sinnvoll ist.

Schritt	Was tun wir genau?	Wessen Aufgabe?
Kontrollieren, ob alles vollständig erledigt ist		
Materialien ergänzen?		
Ranzen für den nächsten Tag packen		
Arbeitsplatz aufräumen		

Falls Sie die Kontrolle übernehmen, achten Sie darauf, dass es an dieser Stelle nur um die Vollständigkeit geht. Eventuelle Kritik an Inhalt und Form der Hausaufgaben muss unbedingt an anderer Stelle erfolgen. Hier soll das positive Gefühl, etwas geleistet zu haben, im Vordergrund stehen.

11. Tag – Der Zeitbedarf: Teilaufgaben, Reihenfolge, Pausen

Für viele Kinder stellen sich die Hausaufgaben als nahezu unüberwindlicher Berg dar, dessen Ende nicht abzusehen ist. Die Folge davon ist, dass schon das Anfangen schwer fällt,

11. Tag – Der Zeitbedarf: Teilaufgaben, Reihenfolge, Pausen

dann während der Arbeit getrödelt wird oder im Gegenteil Aufgaben zu schnell und nicht sorgfältig genug erledigt werden.

Einfacher und auch motivierender wird das Ganze, wenn man überschaubare Teilaufgaben definiert, deren Reihenfolge möglichst abwechslungsreich gestaltet und von vornherein Pausen einplant. Für diese Aufgabe wird Ihr Kind anfangs sicher Ihre Unterstützung benötigen, später können Sie die Hilfen schrittweise reduzieren.

Zur Verdeutlichung sind die einzelnen Arbeitsschritte an einem Beispiel erläutert, das Sie im Einzelnen durcharbeiten können. Wenn dieses Beispiel zu weit von Ihrer täglichen Praxis entfernt ist, verwenden Sie zum Üben eine (zurückliegende) Hausaufgabe Ihres Kindes.

Wichtig ist, dass Sie das Einteilen der Hausaufgaben sicher im Griff haben, bevor Sie es gemeinsam mit Ihrem Kind versuchen. Denn wenn das Ganze zu umständlich erscheint und zu viel Zeit in Anspruch nimmt, werden Sie Ihr Kind kaum davon überzeugen können, dass es sich diese Mühe machen sollte.

„Einteilen" heißt das Zauberwort, damit die Hausaufgaben nicht als unüberwindbarer Berg gesehen werden.

Zerlegen in Teilaufgaben und Zeitplan erstellen

Betrachten wir zunächst das Zerlegen in Teilaufgaben: Entgegen der weit verbreiteten Praxis, die Aufgaben für ein Unterrichtsfach zusammenhängend zu erledigen, können daraus in vielen Fällen kleinere Bearbeitungseinheiten gebildet werden. Entscheidendes Kriterium für den Umfang einer Teilaufgabe ist die voraussichtliche Bearbeitungsdauer. Als Faustregel können Sie davon ausgehen, dass keine Teilaufgabe länger als maximal 20 Minuten in Anspruch nehmen soll. Berücksichtigen Sie aber unbedingt die durchschnittliche Konzentrationsspanne Ihres Kindes. Möglicherweise müssen Sie noch kürzere Abschnitte wählen.

2. Woche: Ablauf der Hausaufgaben – Regeln und Rituale

Für das Kind sind kleine „Arbeitshäppchen" überschaubar. Das wirkt motivierend.

Beispiel
Stellen Sie sich vor, Ihr Kind hat folgende Aufgaben notiert (das Beispiel entspricht etwa dem normalen Pensum eines Viertklässlers):

Deutsch: Satzteile mit verschiedenen Farben unterstreichen, Satzteilfragen aufschreiben (insgesamt zwölf Fragen)

Mathe: Buch S. 41, Aufgabe 3 a + b (zehn Aufgaben zur schriftlichen Multiplikation)
Aufgabe 4 (Textaufgabe)

Sachkunde: Im Stadtplan den Schulweg einzeichnen und mit den entsprechenden Straßennamen beschreiben können

Schätzen Sie nun für jedes Fach den erforderlichen Zeitaufwand, der natürlich von Kind zu Kind unterschiedlich sein kann.

Ein fixer Rechner erledigt die Matheaufgaben vielleicht in 15 Minuten, ein anderes Kind wird dafür wesentlich länger benötigen. Aufgaben, die voraussichtlich länger als 15 Minuten in Anspruch nehmen, müssen weiter unterteilt werden. (Sonst besteht die Gefahr, dass dem Kind unterwegs die Puste ausgeht.) Beim Beispiel Mathe etwa können die Rechenaufgaben einen Baustein, die Textaufgabe einen zweiten bilden.

Schreiben Sie jede Teilaufgabe zusammen mit der geschätzten Zeit auf ein separates Blatt. Bei vollständiger Unterteilung könnte Ihr Ergebnis wie folgt aussehen:

11. Tag – Der Zeitbedarf: Teilaufgaben, Reihenfolge, Pausen

Deutsch: Satzteile unterstreichen 5 Minuten	Deutsch: Satzteilfragen bilden und aufschreiben 15 Minuten	Mathe: S. 41, Nr. 3a + b: 10 Rechenaufgaben 10 Minuten
Mathe: S. 41, Nr. 4 Textaufgabe 5 Minuten	Sachkunde: Schulweg einzeichnen 5 Minuten	Sachkunde: Schulweg beschreiben 5 Minuten

Im nächsten Schritt geht es darum, eine sinnvolle Reihenfolge für die Teilaufgaben festzulegen. Dabei gelten folgende Grundregeln:

Wählen Sie für den Einstieg eine Aufgabe, die Ihrem Kind relativ leicht fällt – auch das Gehirn braucht eine gewisse Anlaufzeit, bevor es zur Höchstform aufläuft.

Wechseln Sie verschiedene Arbeitsformen (Schreiben, Zeichnen, mündliche Aufgaben) ab – Eintönigkeit wirkt sich negativ auf die Konzentration aus.

Denken Sie bei Lernaufgaben (zum Beispiel Vokabeln oder Ähnliches) daran, eine Wiederholung einzuplanen.

Entscheiden Sie sich nun für eine Reihenfolge der Teilaufgaben, die diese Regeln berücksichtigt, und nummerieren Sie die Zettel entsprechend.

Arbeitspausen sind wichtig!
Zuletzt planen Sie noch die Arbeitspausen ein. Je nach Alter und Konzentrationsspanne des Kindes sollten feste Pausen nach 20 bis maximal 30 Minuten vorgesehen werden. Eine solche Pause von etwa fünf Minuten gibt dem Kind Gelegen-

2. Woche: Ablauf der Hausaufgaben – Regeln und Rituale

Bewegung ist die beste Form der Pause.

heit, kurz abzuschalten und neue Kräfte zu sammeln. Es soll in dieser Zeit unbedingt den Arbeitsplatz verlassen, sich nach Möglichkeit etwas bewegen, vielleicht etwas trinken. Wichtig ist, die Pause nicht zu lange auszudehnen, notfalls hilft (wie die Klingel in der Schule) ein Wecker oder eine Eieruhr.

Wenn Sie diese Planung zum ersten Mal mit Ihrem Kind durchführen, beschriften Sie zwei bis drei Zettel mit dem Wort PAUSE und legen oder hängen diese an den entsprechenden Stellen zwischen die nummerierten Aufgabenzettel. So hat Ihr Kind immer ein kurzfristiges Ziel vor Augen, auf das es hinarbeiten kann.

Für viele Kinder ist es darüber hinaus besonders motivierend, wenn sie nach Erledigung einer Teilaufgabe den entsprechenden Zettel zerknüllen oder zerreißen dürfen. Sollte Ihnen der Aufwand mit den einzelnen Blättern auf Dauer zu groß sein, können Sie die sortierten Teilaufgaben natürlich auch auf ein einziges Blatt schreiben und die erledigten abhaken oder durchstreichen lassen.

Ein Zeitgefühl entwickeln

Bei der gemeinsamen Planung mit Ihrem Kind sollte es den Zeitbedarf für die einzelnen Aufgaben selber schätzen. Greifen Sie nur korrigierend ein, wenn seine Schätzung völlig unrealistisch ist. Nach Abschluss einer Teilaufgabe vergleichen Sie gemeinsam geschätzte und tatsächliche Arbeitszeit und sprechen über eventuelle Abweichungen. Ihr Kind trainiert dadurch sein Zeitgefühl und lernt, eine begrenzte Arbeitszeit richtig einzuteilen, eine Fähigkeit, die zum Beispiel bei Klassenarbeiten von großem Vorteil ist. Außerdem hat dieses Vorgehen bei den meisten Kindern den Nebeneffekt, dass sie ihre Schätzung unbedingt einhalten oder übertreffen möchten, sich also weniger „Trödelphasen" leisten und konzentrierter arbeiten.

2. Woche: Ablauf der Hausaufgaben – Regeln und Rituale

Hier noch einmal die wichtigsten Arbeitsschritte auf einen Blick:
- Überblick über die gesamten Hausaufgaben verschaffen
- Hausaufgabe in Teilaufgaben zerlegen und Bearbeitungszeit schätzen
- Reihenfolge festlegen (auf Abwechslung achten)
- Pausen fest einplanen

12. Tag – Anschieben und bremsen – Selbstkontrolle initiieren

Jedes Kind hat seine Individualität – auch in seinem Arbeitsverhalten.

Grundlegende Hinweise zur zeitlichen Planung der Hausaufgaben haben Sie bereits gestern erhalten und erste Erfahrungen damit gesammelt. Möglicherweise sind Sie dabei zu dem Ergebnis gekommen, dass die ganze Planung nicht richtig funktioniert, weil Ihr Kind entweder zur Kategorie der „Trödler" oder aber der „Schluderer" gehört. Im ersten Fall wird die Arbeit immer wieder durch ungeplante Pausen unterbrochen, die das Kind mit Träumen, Aus-dem-Fenster-Schauen, Im-Buch-Herumblättern oder Ähnlichem verbringt. Im zweiten Fall setzt es alles daran, so schnell wie möglich fertig zu werden, und lässt dabei die nötige Sorgfalt vermissen.

> Um keine Missverständnisse aufkommen zu lassen – die Hausaufgaben sind eine der wenigen Gelegenheiten, bei denen Ihr Kind sein eigenes Tempo und seinen eigenen Arbeitsrhythmus bestimmen kann. Dies ist grundsätzlich positiv zu sehen.

Betrachten wir zunächst die „Trödler": Wenn Ihr Kind langsam, gründlich und sorgfältig arbeitet, ohne dabei die Konzentration zu verlieren, sollten Sie es nicht durch unnötiges

12. Tag – Anschieben und bremsen – Selbstkontrolle initiieren

Hetzen und Drängeln aus dem Gleichgewicht bringen. Mit zunehmender Sicherheit steigert sich meist auch das Arbeitstempo. Eingreifen sollten Sie nur dann, wenn es wirklich herumtrödelt, denn darunter leidet letztendlich auch die Qualität der Arbeit.

Forschen Sie immer erst einmal nach, warum Ihr Kind gerade so arbeitet.

Warum trödelt mein Kind?
Stellen Sie fest, dass Ihr Kind immer oder häufig bei den Hausaufgaben trödelt, ist zunächst einmal Ursachenforschung nötig. Beantworten Sie bitte folgende Fragen aus Ihrer bisherigen Erfahrung:
- Wie verhält sich das Kind, wenn zum Beispiel für den Nachmittag eine interessante Aktivität geplant ist, für die es rechtzeitig fertig werden muss? Arbeitet es dann zügig?
- Trödelt Ihr Kind, während Sie seine Arbeit beaufsichtigen? Müssen Sie es ständig zum Weiterarbeiten anhalten?
- Trödelt es, wenn es allein arbeiten soll? Was macht es dann? Wodurch lässt es sich ablenken?

2. Woche: Ablauf der Hausaufgaben – Regeln und Rituale

- Trödelt es nur bei bestimmten Aufgaben? Bei welchen?
- Klagt Ihr Kind darüber, dass es zu lange für die Hausaufgaben braucht, oder ist es mit der Situation eigentlich ganz zufrieden?

Trödeln kann also ganz unterschiedliche Gründe haben, entsprechend unterschiedlich muss auch Ihre Reaktion darauf ausfallen.

Anreiz bieten

Das Kind leidet manchmal gar nicht darunter, dass es trödelt.

Wenn Sie zum Beispiel die erste Frage mit einem Ja beantwortet haben, spricht vieles dafür, dass Ihr Kind keinen ausreichenden Anreiz hat, mit seinen Aufgaben schnell fertig zu werden. Überlegen Sie, wie Sie solche Anreize setzen können, zum Beispiel „Wenn du bis … Uhr mit den Hausaufgaben fertig bist, darfst du … im Fernsehen anschauen."

Um Ihr Kind längerfristig zu zügigerem Arbeiten anzuhalten, können Sie auch ein Punktekonto vereinbaren und für eine bestimmte Anzahl Punkte eine größere Belohnung anbieten.

Andere Formen der Zuwendung suchen

Bei einem Ja auf die zweite Frage könnte es sein, dass Ihr Kind Ihre Aufmerksamkeit und Zuwendung einfach so lange wie möglich genießen möchte. Vielleicht ist dies die einzige Zeit des Tages, die Sie ihm so intensiv und ausschließlich widmen. Abhilfe können Sie schaffen, indem Sie die Intensität Ihrer Unterstützung langsam abbauen (vergleiche 6. Tag, Seite 24 ff.) und stattdessen gemeinsame Zeit mit Ihrem Kind unabhängig von den Hausaufgaben einplanen.

Ablenkungen ausschalten

Wenn Ihr Kind vor allem trödelt, wenn es allein arbeiten soll, gibt es in der unmittelbaren Umgebung vielleicht zu viele ab-

12. Tag – Anschieben und bremsen – Selbstkontrolle initiieren

lenkende Faktoren, die ausgeschaltet werden müssen (vergleiche 5. Tag, Seite 22 ff.). Oder es möchte, dass Sie sich in der Nähe aufhalten; in diesem Fall wäre eventuell eine Verlegung des Arbeitsplatzes ratsam. Vielleicht reicht aber auch schon eine klare Zeit- bzw. Zielvorgabe aus, um das Problem zu lösen.

Auf Über- oder Unterforderung achten
Trödelt das Kind nur bei bestimmten Aufgaben, kann dies auf eine Über- oder Unterforderung hindeuten. Im ersten Fall sollten Sie Ihrem Kind gezielte Hilfe anbieten, ohne ihm die Arbeit abzunehmen. Im zweiten Fall („Diese ‚Babyaufgabe' ist einfach zu langweilig!") können Sie die „Herausforderung" steigern, indem entweder die Aufgabe erschwert (zum Beispiel Wanderdiktat statt Abschreiben) oder die Zeitvorgabe bewusst niedrig angesetzt wird („Heute brichst du den Weltrekord im Malnehmen!").

Das Problem bestimmen
Ein Ja auf die fünfte Frage schließlich zeigt, dass Sie ein Problem haben, nicht aber Ihr Kind. Worin besteht Ihr Problem? Stehen Sie selbst unter Zeitdruck? Kommen andere Aufgaben zu kurz, weil Ihr Kind so langsam arbeitet? Dafür ist Ihr Kind nicht verantwortlich zu machen! Suchen Sie eine Lösung für Ihr Problem, aber verlangen Sie diese Lösung nicht von ihm!

Natürlich können diese Hinweise nur einen allgemeinen Überblick geben. Um der genauen Ursache des Problems bei Ihrem Kind auf die Spur zu kommen, müssen Sie es möglicherweise über einen längeren Zeitraum genau beobachten. Auch die Vorschläge zur Abhilfe sind lediglich Anregungen, mit denen Sie ein wenig experimentieren müssen. Selbstverständlich können Sie zusätzlich eigene Ideen entwickeln und ausprobieren. Achten Sie nur darauf, dass diese auf der Handlungsebene angesiedelt sind. Reden allein bringt Ihr Kind nicht weiter, und bei ständigen Vorwürfen wird es bald „auf Durchzug schalten".

Die ganz „Schnellen"

„Nur weg damit" – diese Einstellung haben manche Kinder zu den Hausaufgaben.

Vielleicht gehört Ihr Kind aber auch zur entgegengesetzten Kategorie und es kann ihm nichts schnell genug gehen. Es erledigt seine Hausaufgaben in Rekordzeit, aber der Tintenkiller ist das wichtigste Instrument überhaupt, weil es schneller schreibt, als es denken kann. Kaum ist das letzte Wort oder die letzte Zahl geschrieben, wird das Heft zugeklappt und weggelegt. Dementsprechend sieht das Ergebnis aus: Unnötige Fehler häufen sich, von der äußeren Form ganz zu schweigen. Ein solches Kind muss nicht angeschoben, sondern gebremst werden! Doch wie können Sie es davon überzeugen, dass es mit größerer Sorgfalt arbeiten muss?

Legen Sie Ihrem Kind eine fertige Hausaufgabe vor, die die beschriebenen Mängel aufweist, und bitten Sie es, diese Arbeit einmal „durch die Lehrerbrille" zu betrachten. Sie können daraus auch ein kleines Ritual machen, indem das Kind beispielsweise die Finger zu einer Brille formt. Ihr Kind soll nun die Hausaufgabe mit Lehrerblick begutachten und dabei sowohl den äußeren Eindruck als auch die inhaltliche Qualität beurteilen. Sollte das nicht spontan gelingen, hilft vielleicht ein lehrertypischer Rotstift, mit dem alles angestrichen wird, was falsch ist oder nicht ordentlich aussieht. (Benutzen Sie für dieses erste Experiment allerdings unbedingt eine Kopie, denn es wäre unfair, eine Original-Hausaufgabe unbrauchbar zu machen.)

Ihr Kind wird nun wahrscheinlich zu dem Ergebnis kommen, dass es als Lehrer mit dieser Arbeit nicht zufrieden wäre. Nun können Sie gemeinsam überlegen, was man tun

12. Tag – Anschieben und bremsen – Selbstkontrolle initiieren

könnte, um ein besseres Ergebnis zu erreichen. Lassen Sie Ihr Kind Vorschläge machen, fragen Sie gegebenenfalls nach und achten Sie darauf, dass möglichst konkrete Handlungsanweisungen entstehen.

Ein Beispiel:
Kind: Ich muss beim Abschreiben besser aufpassen.
Eltern: Wie kannst du das denn machen?
Kind: Jedes Wort genau anschauen.
Eltern: Ja, prima. Und wenn du es hingeschrieben hast?
Kind: Noch mal vergleichen.
Eltern: Genau so würde ich es auch machen. Probier das doch mal aus!

In der Praxis kann es natürlich leicht passieren, dass Ihr Kind schnell wieder in seinen alten Trott verfällt, weil ihm der zusätzliche Aufwand für das sorgfältigere Arbeiten lästig ist oder es die guten Vorsätze einfach wieder vergisst. Bieten Sie ihm deshalb zusätzlich eine Gedächtnisstütze an, die von Ihnen unabhängig ist. Der kleine Dialog könnte also so weitergehen:

Eltern: Brauchst du eine Hilfe, damit du dran denkst?
Kind: Was für eine Hilfe?
Eltern: Du könntest zum Beispiel eine Ampel malen und aufstellen. Die erinnert dich dann immer daran:
ROT: Stopp! Erst genau schauen, dann schreiben!
GELB: Vorsicht! Noch mal kontrollieren!
GRÜN: Alles okay! Weiter geht's!
Kind: Cool! Kann ich die dann auch mit in die Schule nehmen?
Eltern: Wir testen das mal. Wenn es gut klappt, kannst du deine Lehrerin fragen. Vielleicht wollen dann alle in deiner Klasse so eine Ampel haben.

2. Woche: Ablauf der Hausaufgaben – Regeln und Rituale

13. Tag – Konstruktiv kritisieren, positiv Feedback geben

Am besten ist es, wenn das Kind Fehler selbst erkennt.

Der kleine Dialog in der gestrigen Trainingseinheit machte deutlich, wie günstig es sich auswirkt, wenn das Kind selbst Fehler und Unzulänglichkeiten erkennt und nach Möglichkeiten der Verbesserung sucht. In der Praxis wird es jedoch nicht ausbleiben, dass auch Sie einmal etwas zu kritisieren haben.

Bitte überlegen Sie nun, welche Erfahrungen Sie bisher damit gemacht haben, Ihr Kind zu kritisieren. Denken Sie an einen möglichst typischen, konkreten Fall und notieren Sie Anlass und Form Ihrer Kritik sowie die Reaktion Ihres Kindes darauf:

Anlass: _____

Ihre Kritik: _____

Reaktion: _____

Würden Sie diese Erfahrung als positiv bezeichnen oder ist die Reaktion Ihres Kindes nicht zu Ihrer Zufriedenheit ausgefallen?

Wenn Letzteres zutrifft, können unterschiedliche Faktoren die Ursache sein:

- Ihre Kritik war (in den Augen des Kindes) nicht berechtigt.
- Sie kritisieren zu häufig.
- Sie kritisieren falsch.
- Ihr Kind hatte einfach einen schlechten Tag.

Schauen wir uns diese unterschiedlichen Gründe nun im Einzelnen an:

13. Tag – Konstruktiv kritisieren, positiv Feedback geben

Unberechtigte Kritik
Unberechtigte Kritik kann niemand gut vertragen, das wissen Sie aus eigener Erfahrung. Haben Sie also wirklich einmal „versehentlich" kritisiert, müssen Sie zu Ihrem Fehler stehen und sich entschuldigen.

Nicht ganz so klar ist der Fall, wenn Sie Ihre Kritik für berechtigt halten, Ihr Kind aber nicht. Bevor eine solche Situation möglicherweise in Streit, gegenseitige Vorwürfe oder Rückzug in den Schmollwinkel eskaliert, geben Sie Ihrem Kind unbedingt Gelegenheit, seinen Standpunkt zu vertreten.

Verlangen Sie Argumente und seien Sie diesen Argumenten gegenüber offen. So erhöhen Sie die Chance, dass Ihr Kind sich auch Ihre Argumente anhört und kompromissbereit ist.

Sollten Sie dennoch nicht zu einem Ergebnis kommen, das beide akzeptieren, hat im Zweifelsfall Ihr Kind das letzte Wort! Schließlich soll es lernen, dass es für seine Aufgaben selbst verantwortlich ist.

Vermeiden Sie dann aber unter allen Umständen Kommentare wie „Du wirst schon sehen, was deine Lehrerin dazu meint" oder „Das habe ich dir doch gleich gesagt", wenn Ihre Kritik in der Schule bestätigt wurde.

Ständige Kritik
Wenn Sie zu viel kritisieren, schaltet Ihr Kind im günstigsten Fall „auf Durchzug", im ungünstigsten Fall hält es sich für völlig unfähig und verweigert jede weitere Anstrengung. Beobachtungen in der Schule, aber auch in der Familie, zeigen immer wieder, dass die Kommunikation zwischen Erwachsenen und Kindern zu einem sehr großen Teil aus Anweisungen und Kritik bzw. Tadeln besteht. Oft sind die Erwachsenen sich dessen gar nicht bewusst und völlig überrascht, wenn sie ihr eigenes Verhalten erkennen.

Es wirkt oft Wunder, wenn man weniger kritisiert und mehr lobt!

2. Woche: Ablauf der Hausaufgaben – Regeln und Rituale

Wenn Sie sich nicht sicher sind, ob auch Sie zu dieser Art von Kommunikation neigen, führen Sie doch einmal eine Strichliste:

Anweisungen	Tadel / Kritik Schimpfen	Neutrale Äußerungen	Lob / positive Zuwendung

Eine Verhaltensänderung können Sie erreichen, indem Sie ein inneres „Stoppschild" aufstellen und sich jedes Mal, bevor Sie eine Kritik äußern, überlegen, ob diese wirklich nötig ist. Umgekehrt sollten Sie sich bemühen, den Anteil an Lob und positiver Zuwendung zu erhöhen. Suchen Sie bewusst und aktiv nach positiven Eigenschaften und Leistungen Ihres Kindes und heben Sie diese hervor.

Sollte Ihnen das Loben schwer fallen, lesen Sie noch einmal die entsprechenden Hinweise (vergleiche 7. Tag, Seite 28 ff.).

Die Form der Kritik

Es kommt immer darauf an, wie man etwas sagt – das gilt für Kinder wie für Eltern.

Auch die Art, wie eine Kritik vorgebracht wird, ist von nicht zu unterschätzender Bedeutung. Kritik kann sachlich und konstruktiv sein und dazu motivieren, die eigene Leistung oder das eigene Verhalten zu überprüfen und zu korrigieren; sie kann aber auch verletzen und ein Gefühl der Unzulänglichkeit hervorrufen, das eher lähmt als anspornt. Das wichtigste Unterscheidungskriterium liegt darin, ob sich die Kritik auf einen bestimmten Sachverhalt oder auf die Person bezieht.

Wenn die Schultasche des Kindes zum Beispiel wieder einmal aussieht wie Kraut und Rüben, wäre eine persönlich gefärbte Kritik etwa:

13. Tag – Konstruktiv kritisieren, positiv Feedback geben

„Schau dir deine Schultasche an! Wie kann man nur so schlampig sein? Ich glaube, du lernst das nie, deine Sachen in Ordnung zu halten."

Was soll das Kind mit einer solchen Kritik anfangen? Was ist konkret am Zustand der Tasche auszusetzen? Was soll es nun tun?

Diese Art der Kritik enthält als zentrale Botschaft eine negative Aussage über das Kind („Du bist schlampig") und darüber hinaus auch noch eine negative Prognose („Du wirst es nie lernen"). Die wenigsten Kinder sind stark und selbstbewusst genug, eine solche Kritik dadurch zu entkräften, dass sie das Gegenteil beweisen. Viel wahrscheinlicher ist, dass sie auf Dauer jegliche Bemühungen einstellen.

Eine sachliche Kritik hingegen könnte folgendermaßen lauten:

„Deine Schultasche sieht heute ziemlich unordentlich aus. Ich finde, sie müsste mal aufgeräumt werden."

Mit einem solchen Satz wird der Anlass zur Kritik deutlich beschrieben und durch das Wort „heute" klar eingegrenzt. Es geht um eine Unzulänglichkeit, die behoben werden kann, nicht um eine Eigenschaft bzw. einen Fehler des Kindes. Gleichzeitig erfolgt ein Handlungsvorschlag. Auf diese Kritik kann das Kind reagieren: Es kann sie akzeptieren und die Schultasche aufräumen; es kann sie zurückweisen, weil es den Zustand der Tasche vielleicht als nicht so dramatisch empfindet; es kann sie auch akzeptieren und trotzdem nicht aufräumen, weil es gerade keine Lust dazu hat.

> Entscheidend ist, dass das Kind durch die Kritik nicht persönlich angegriffen oder verletzt ist und Handlungsalternativen hat.

2. Woche: Ablauf der Hausaufgaben – Regeln und Rituale

Mangelnde Kooperationsbereitschaft

Schließlich kann es auch passieren, dass Sie eine berechtigte, wohl überlegte Kritik angemessen formuliert haben, aber trotzdem nicht zum gewünschten Ergebnis kommen, weil Ihr Kind einfach nicht seinen allerbesten Tag erwischt hat.

Bevor Sie nun den Druck erhöhen und damit die Situation verschärfen, überlegen Sie, ob es nicht sinnvoller wäre, einmal ein Auge zuzudrücken. Müssen die Hausaufgaben Ihres Kindes unbedingt perfekt aussehen, wenn dafür die Stimmung für den Rest des Nachmittags verdorben ist? Reagieren Sie lieber mit Humor, überraschen Sie Ihr Kind dadurch, dass Sie nicht auf Ihrer Kritik bestehen. Wenn Sie Glück haben, springt dabei sogar noch eine konkrete Vereinbarung für den kommenden Tag heraus.

Lob führt weiter als Kritik

Achten Sie immer wieder bewusst darauf, was Ihr Kind alles richtig und gut macht.

Vergessen Sie vor allem nicht, dass jedes Lob mehr bewirkt als noch so gut vorgebrachte Kritik. Viele Eltern meinen zu diesem Thema, dass sie ihr Kind ja gerne häufiger loben würden, dass es aber selten etwas zu loben gebe. Liegt es daran, dass wir positive Eigenschaften als selbstverständlich betrachten und meinen, sie seien keiner besonderen Erwähnung wert? Was gefällt Ihnen an Ihrem Kind? Welche positiven Eigenschaften hat es? Was kann es besonders gut? Schreiben Sie mindestens fünf solcher Dinge auf:

_____

_____

_____

_____

Merken Sie sich diese Punkte und sagen Sie sie Ihrem Kind bei passender Gelegenheit. Es wird sich mit Sicherheit darüber freuen.

Keine zu hohen Maßstäbe anlegen
Wenn es um Leistungen geht, liegt der Grund für ausbleibendes Lob meist in zu hohen Maßstäben. Wer sich nur für absolut perfekte Hausaufgaben, fehlerfreie Klassenarbeiten und tadellose Zeugnisse ein Lob abringen kann, wird kaum jemals zum Loben kommen. Wenn Ihr Lob das Kind motivieren und anspornen soll, müssen Sie auch kleine Fortschritte erkennen und anerkennen. Einen solchen Anlass zu loben werden Sie bei genauem Hinschauen fast jeden Tag finden: Das Malnehmen klappt schon besser als gestern; beim Lernwörterdiktat hat sich das Kind gesteigert; es hat heute nicht vergessen, das Datum an den Rand zu schreiben usw.

Wenn Ihr Kind in einem bestimmten Bereich besondere Motivationsprobleme hat, kann es auch hilfreich sein, den Fortschritt über einen längeren Zeitraum zu dokumentieren. Nutzen Sie hierfür die Aufzeichnungen aus Ihrem Tagebuch.

> Nehmen Sie sich für die nächste Woche vor, jeden Tag einen Fortschritt bei Ihrem Kind aufzuspüren und es dafür zu loben.

14. Tag – Die Verständigung zwischen Eltern und Kind

Zu welcher Wortart gehört „Haus"?
    Nomen? Substantiv? Hauptwort? Namenwort? Dingwort? Oder vielleicht noch etwas anderes?

14. Tag – Die Verständigung zwischen Eltern und Kind

Wie auch immer Sie dazu sagen, Sie sollten wissen, wie Ihr Kind dazu sagt.

Nichts ist verwirrender für ein Kind, das sich gerade mit den Grundbegriffen der deutschen Grammatik herumschlägt, als mehrere Bezeichnungen für ein und dasselbe Phänomen.

Noch ein Beispiel? Wie lösen Sie folgende Rechenaufgabe?

Um Verwirrung zu vermeiden, ist es wichtig, dass die Eltern die Sprache des Kindes sprechen.

$$\begin{array}{r} 435 \\ -\ 263 \\ \hline \end{array}$$

Sagen Sie „fünf minus (weniger/weg) drei ist (gleich/macht) zwei" oder „von drei bis fünf ist zwei"? Sagen Sie in der nächsten Spalte „drei minus sechs geht nicht, also rechne ich dreizehn minus sechs" oder wieder „von sechs bis drei ..."? Heißt es dann „sieben hin, eins im Sinn" oder „eins geliehen – aufgeschrieben" oder „sieben – Übertrag eins"?

Diese Auswahl umfasst nur die Varianten, die mir spontan eingefallen sind, mit Sicherheit gibt es noch eine ganze Menge weiterer. Diejenige, die Sie wirklich kennen müssen, ist die, die Ihr Kind in der Schule benutzt. Denn wie soll es sich die Reihenfolge der einzelnen Rechenschritte bei der schriftlichen Subtraktion sicher einprägen, wenn es in der Schule von oben nach unten rechnen soll, Sie ihm zu Hause die Aufgabe aber von unten nach oben zeigen?

Deshalb sollen Sie in dieser Wochenend-Trainingseinheit sicherstellen, dass Sie die Sprache Ihres Kindes sprechen und Ihnen die in der Schule benutzten Begriffe und Vorgehensweisen geläufig sind.

Nehmen Sie sich die Hefte und Bücher Ihres Kindes vor (vorher um Erlaubnis bitten!), schauen Sie sich den Stoff der letzten Wochen an und prägen Sie sich die benutzten Begriffe und Bezeichnungen ein.

2. Woche: Ablauf der Hausaufgaben – Regeln und Rituale

Wenn Sie möchten, können Sie auch eine kleine „Vokabelliste" anlegen. Vielleicht hat Ihr Kind Lust, Ihnen dabei zu helfen, wenn Sie ihm erklären, dass Sie für manche Dinge andere Ausdrücke gelernt haben und jetzt seine Begriffe lernen möchten. Solch ein Rollentausch kann für beide Seiten eine spaßige Angelegenheit werden, vor allem, weil das Kind einmal einen Wissensvorsprung hat, den es sicher gerne zeigen wird.

Achten Sie später in der täglichen Praxis darauf, sich den Sprachregelungen der Schule anzupassen, und fragen Sie im Zweifelsfall Ihr Kind. Gerade wenn es Ihre Unterstützung nur relativ selten in Anspruch nimmt, müssen Sie sich zunächst einmal auf den aktuellen Stand bringen lassen, bevor Sie mit Ihrer Hilfe möglicherweise Verwirrung erzeugen und dadurch letztendlich mehr schaden als nutzen.

3. Woche: Gezielt helfen

Nach der Verbesserung des allgemeinen Ablaufs der Hausaufgaben steht in der folgenden Woche das Helfen und Unterstützen bei konkreten Aufgaben im Mittelpunkt.

3. Woche: Gezielt helfen

15. Tag – Wie viel Hilfe braucht mein Kind wirklich?

Ziel des Trainings in dieser Woche ist es zu lernen, die elterliche Hilfe so zu gestalten, dass das Kind größere Selbstständigkeit und Unabhängigkeit erlangt.

Die Hilfe der Eltern bei den Hausaufgaben ist grundsätzlich ein umstrittenes Thema. Viele Lehrer argumentieren, dass die tatsächliche Leistungsfähigkeit eines Kindes nicht erkennbar sei, wenn Eltern regelmäßig bei den Hausaufgaben helfen. So entstehe der Eindruck, das Kind habe den Unterrichtsstoff verstanden, obwohl dies in Wirklichkeit nicht der Fall sei. Eltern wiederum sehen sich gezwungen, ihr Kind zu unterstützen und in der Schule Versäumtes aufzuarbeiten, weil sie befürchten, die Schule nehme auf leistungsschwächere Kinder zu wenig Rücksicht und das Kind könne ohne zusätzliche Hilfe den Anschluss verlieren.

In der Praxis haben sicher beide Standpunkte ihre Berechtigung: Hausaufgaben dienen der Festigung und Überprüfung des Gelernten und sollten somit in erster Linie Aufgabe des Kindes sein. Andererseits werden Sie als Eltern Ihrem Kind in der Regel nicht die Hilfe verweigern, um die es Sie bittet. Es geht also darum, dem Kind bei möglichst geringer Hilfestellung möglichst viel Hilfe zur Selbsthilfe zu vermitteln.

Überprüfung der Intensitätsstufen der Unterstützung

Stellen Sie fest, ob Ihr Kind bereits Fortschritte im selbstständigen Arbeiten gemacht hat.

Zu Beginn der letzten Woche haben Sie die fünf Intensitätsstufen der Unterstützung kennen gelernt (siehe Seite 32 f.) und eine erste Einschätzung Ihres Kindes vorgenommen, die Sie im Verlauf der Woche durch laufende Beobachtung überprüft haben. Nehmen Sie sich nun Ihre Aufzeichnungen dazu vor und vergleichen Sie Ihre Ergebnisse mit Ihrer ersten Einschätzung:
- Wo sind gegebenenfalls Korrekturen erforderlich?
- An welcher Stelle haben Sie Ihr Kind möglicherweise unterschätzt?
- Wo hat es inzwischen Fortschritte gemacht?

15. Tag – Wie viel Hilfe braucht mein Kind wirklich?

Stufe	Beschreibung Mein Kind:	Fach	Fach
0	arbeitet völlig selbstständig ist gut organisiert Zeitaufwand ist angemessen Ergebnis entspricht den Erwartungen		
1	arbeitet weitgehend selbstständig und zügig Ergebnis ist manchmal nicht zufrieden stellend benötigt Kontrolle bzw. Feedback		
2	benötigt Anschub, um mit der Arbeit zu beginnen braucht gelegentlich Hilfe zum Verständnis der Aufgaben braucht regelmäßige Kontrolle		
3	braucht häufig Hilfe zum Verständnis der Aufgaben ist gelegentlich unsicher beim Lösen der Aufgaben braucht einen Ansprechpartner, der bei Bedarf zur Verfügung steht		
4	ist häufig unsicher beim Lösen der Aufgaben erkennt oft nicht, worauf es ankommt braucht ständige Begleitung		
5	ist allein völlig hilflos; weiß nicht, was es tun soll ist nicht in der Lage, den Stoff des Unterrichts wiederzugeben ohne Hilfe sitzt es stundenlang vor dem leeren Blatt		

Füllen Sie die Tabelle nochmals aus. In Zweifelsfällen entscheiden Sie sich für die niedrigere Stufe.

3. Woche: Gezielt helfen

In den kommenden Tagen werden Sie Methoden und Strategien erlernen, Ihr Kind schrittweise von einer Stufe zur nächsten zu führen. Dabei ist es vor allem wichtig, dem Kind nicht zu viel auf einmal zuzumuten. Beginnen Sie mit der Reduzierung Ihrer Hilfe dort, wo die größten Erfolgsaussichten bestehen. Nehmen Sie sich einen weiteren Schritt erst dann vor, wenn die erreichte Stufe gefestigt ist.

Legen Sie nun fest, womit Sie beginnen wollen:

_____

_____

16. Tag – Hilfen stufenweise reduzieren

Es funktioniert nicht, das Kind von einem Tag auf den anderen völlig allein arbeiten zu lassen; vielmehr müssen Sie sich langsam aus den Hausaufgaben „herausnehmen".

Im Folgenden erhalten Sie Hinweise, wie Sie Ihre Unterstützung so reduzieren können, dass Ihr Kind nach und nach die jeweils nächste Stufe erreicht. Generell gilt dabei, dass Sie Ihrem Kind die Hilfe nicht einfach entziehen, sondern es ermutigen, den nächsten Schritt mit etwas weniger Unterstützung zu wagen.

Stellen Sie sich anfangs darauf ein einzugreifen, wenn Ihr Kind Sie braucht, aber geben Sie nicht zu schnell auf, und starten Sie am nächsten Tag einen neuen Versuch. Vergessen Sie vor allem nicht, jeden kleinen Fortschritt zu loben.

Von Stufe 5 zu Stufe 4

Um Ihr Kind von Stufe 5 zu Stufe 4 zu führen, ist Ihre wichtigste Aufgabe, sein Vertrauen in die eigene Leistungsfähigkeit aufzubauen und zu festigen.

16. Tag – Hilfen stufenweise reduzieren

Beginnen Sie damit, gemeinsam mit dem Kind die jeweilige Aufgabenstellung ausführlich zu klären.

Nehmen Sie Aufzeichnungen aus dem Unterricht oder ähnliche Aufgaben aus den vorangegangenen Tagen als Beispiel und ermuntern Sie Ihr Kind nachzuvollziehen, wie es diese Aufgaben gelöst hat.

Sobald das Kind in der Lage ist, mit eigenen Worten zu sagen, worin die Aufgabenstellung besteht, bearbeiten Sie den Anfang der Hausaufgabe gemeinsam. Achten Sie darauf, einzelne Denk- oder Arbeitsschritte zu benennen bzw. zu beschreiben (gleiche Ausdrucksweise wie in der Schule, siehe Seite 59 f.). Lassen Sie das Kind gegebenenfalls mitsprechen.

Beispiel:
Auf-/Abrunden auf den nächsten Zehner
„423: Der kleinere Zehner ist 420, der größere Zehner ist 430. 423 ist näher an 420, also muss ich auf 420 abrunden."

Überlassen Sie dabei mehr und mehr dem Kind die Initiative, setzen Sie eventuell eine zusätzliche optische Hilfe ein:

Beispiel:

kleinerer Zehner	Zahl	größerer Zehner
420 ←	423	430
530	538 →	540
	184	

3. Woche: Gezielt helfen

Lassen Sie Ihr Kind erst dann allein weiterarbeiten, wenn Sie relativ sicher sein können, dass es die Aufgabe bewältigen kann. Greifen Sie notfalls korrigierend ein, wenn es den Faden verliert, denn auf keinen Fall darf es die Erfahrung machen, dass die allein gelösten Aufgaben alle fehlerhaft sind.

Loben Sie Ihr Kind für seine Leistung und heben Sie dabei vor allem die selbstständig bewältigte Aufgabe hervor.

Wenn keine Fortschritte zu verzeichnen sind, sprechen Sie mit den Lehrern Ihres Kindes.

Bleiben Sie geduldig und rechnen Sie damit, dass Sie anfangs vielleicht nur sehr kleine Fortschritte erzielen. Wenn allerdings nach längerer Zeit keine Verbesserung zu verzeichnen ist, sollten Sie das Gespräch mit der Lehrkraft Ihres Kindes suchen. Eventuell ist es generell mit dem Lernstoff oder dem erwarteten Arbeitstempo überfordert. Dann verschleppen Sie das Problem nur, wenn Sie Ihrem Kind weiterhin so umfassende Hilfen geben. Überlegen Sie gemeinsam mit der Lehrkraft, welche Alternativen sinnvoll sein könnten. Eventuell kann der Umfang der Hausaufgaben zugunsten einer intensiven Bearbeitung weniger Aufgaben reduziert werden oder Ihr Kind erhält leichtere Aufgaben, die seinem Leistungsvermögen entsprechen.

Wenn die Schwierigkeiten vorwiegend in einem bestimmten Bereich auftreten, könnte auch eine Teilleistungsstörung (Lese-Rechtschreibschwäche, Dyskalkulie, siehe Seite 116 f.) die Ursache dafür sein, dass Ihr Kind kaum Fortschritte macht. In diesem Fall ist professionelle Abklärung und entsprechende Hilfe erforderlich. Auch hier sollte der erste Schritt ein Gespräch mit der Lehrkraft sein, in dem Sie Ihren Verdacht äußern und das weitere Vorgehen abklären.

Von Stufe 4 zu Stufe 3

Beim Übergang von Stufe 4 zu Stufe 3 kommt es vor allem darauf an, die Sicherheit des Kindes beim Lösen der Aufgaben zu steigern. Viele Kinder entwickeln eine wahre Meister-

16. Tag – Hilfen stufenweise reduzieren

schaft darin, sich rückzuversichern, ob ihre Lösung stimmt; im Extremfall raten sie so lange herum, bis endlich die ersehnte Bestätigung kommt.

Wer bei den Hausaufgaben ein solches Verhalten trainiert hat, gerät in Schwierigkeiten, wenn er sich (zum Beispiel bei einer Klassenarbeit) selbst für die endgültige Lösung entscheiden muss.

Ihre Aufgabe auf dieser Stufe besteht also darin, dem Kind Vertrauen in seine Lösungskompetenz zu vermitteln. Dies gelingt, indem Sie zunächst die Aufgabenstellung klären und anhand eines Beispiels sicherstellen, dass Ihr Kind weiß, wie die Aufgabe zu lösen ist. Dann sollten Sie Ihre Zuwendung reduzieren, das heißt zwar ansprechbar bleiben, aber darauf verzichten, jeden Schritt Ihres Kindes aktiv zu begleiten. Wenn Ihr Kind wissen möchte, ob seine Lösung richtig ist, fragen Sie zurück, wie es zu dem Ergebnis gekommen ist. Bestätigen Sie die Richtigkeit des Lösungswegs, nicht das Ergebnis selbst, zum Beispiel mit „Du hast alles richtig gemacht, dann ist bestimmt auch dein Ergebnis richtig".

Von Stufe 3 zu Stufe 2

Wenn Ihr Kind Stufe 3 erreicht hat, arbeitet es schon relativ selbstständig und hat gelernt, sich bei Bedarf Ihre Hilfe zu holen. Zum Übergang in die Stufe 2 sollte diese Selbstständigkeit weiter gesteigert werden.

Ihr Kind sollte nun lernen, von Ihnen unabhängige Hilfsmittel zu nutzen. Auch hier ist zunächst wichtig, dass die Aufgabenstellung klar ist. Lassen Sie Ihr Kind die Aufgabenstellung vorlesen und in eigenen Worten erläutern.

Wenn es den erforderlichen Lösungsweg nicht spontan skizzieren kann, verweisen Sie es auf ein Beispiel, an dem es die entsprechenden Schritte nachvollziehen kann. Lassen Sie sich den Lösungsweg zur Sicherheit an einer Aufgabe de-

Das Kind lernt schrittweise, eigene Hilfen zur Lösung der Aufgaben zu finden.

monstrieren, bestätigen Sie Ihr Kind, wenn sein Vorgehen richtig ist, und ziehen Sie sich dann zurück.

Ermuntern Sie Ihr Kind konsequent dazu, zunächst nach anderen Möglichkeiten der Hilfe zu suchen, bevor es auf Ihre Unterstützung zurückgreift.

Von Stufe 2 zu Stufe 1

Befindet sich Ihr Kind bereits auf Stufe 2, sind Sie in der Regel nur noch zu Beginn und zum Ende der Arbeit als Unterstützung bei der Strukturierung bzw. als Feedback-Geber gefragt. Ermuntern Sie Ihr Kind zu noch weiter gehender Eigenverantwortung, indem Sie Ihre Rolle auf die eines Beraters reduzieren, der Ideen und Lösungsvorschläge des Kindes eher kommentiert als explizit bewertet.

Übertragen Sie Ihrem Kind die vollständige Verantwortung für den Ablauf der Hausaufgaben und schalten Sie sich nur ein, wenn Sie darum gebeten werden.

Versuchen Sie, die Selbstkontrolle Ihres Kindes zu fördern, indem Sie zum Beispiel bei der Durchsicht der Aufgaben nicht direkt auf Fehler aufmerksam machen, sondern das Kind auffordern, selbst danach zu suchen. Sie können zum Beispiel sagen: „Ich habe in diesem Text drei Fehler entdeckt, aber die findest du bestimmt auch selbst. Achte mal auf Groß- und Kleinschreibung!"

Von Stufe 1 zu Stufe 0

Fragen Sie sich: Wer hat das Bedürfnis nach Kontrolle – mein Kind oder ich?

Wenn der Unterstützungsbedarf Ihres Kindes auf Stufe 1 liegt, kann man Ihnen beiden eigentlich nur gratulieren: Ihr Kind arbeitet weitestgehend selbstständig im Hinblick auf Arbeitsorganisation und Arbeitsinhalte. Allerdings muss seine Arbeit kontrolliert werden. Braucht Ihr Kind diese Kontrolle zu seiner Sicherheit oder ist es eher Ihr Bedürfnis, sozusagen „das letzte Wort zu haben"?

Ist Ersteres der Fall, können Sie den „Abschluss-Check" gemeinsam machen, zum Beispiel mithilfe der „Lehrerbrille" (vergleiche 12. Tag, Seite 52). Überlassen Sie Ihrem Kind die Führung, Sie können guten Gewissens auf seine Fähigkeiten vertrauen.

Entspringt die Kontrolle allerdings mehr Ihrem Bedürfnis, den Überblick zu behalten, sollten Sie sich fragen, ob Sie Ihrem Kind dadurch nicht den Eindruck mangelnden Vertrauens vermitteln. Bestimmt gibt es andere, weniger bewertungslastige Möglichkeiten, sich über die Arbeit Ihres Kindes zu informieren. Lassen Sie Ihr Kind entscheiden, was es Ihnen erzählen bzw. zeigen möchte und was nicht.

Was wollen die Eltern erreichen?
Nachdem nun die Übergänge von einer Stufe zur nächsten skizziert worden sind, versuchen Sie bitte, konkrete Handlungsschritte für Ihre persönliche Zielsetzung zu formulieren. Was möchten Sie erreichen? Was können Sie tun bzw. sagen, um Ihr Kind auf den richtigen Weg zu bringen?

17. Tag – Ergebnisorientierung und Prozessorientierung

In der Grundschule geht es weniger um die Vermittlung von abfragbarem Wissen als vielmehr um die Vermittlung grundlegender Fertigkeiten und Techniken, die Voraussetzung für

das weitere Lernen sind. Ihr Kind muss also beispielsweise nicht unbedingt die Lösung für 13 x 17 = ? parat haben, sondern wissen, wie man eine solche Aufgabe lösen kann.

Mit der Kenntnis von Lösungsstrategien und der Fähigkeit, solche auch selbst zu entwickeln, ist es für die weitere Schullaufbahn bestens gerüstet.

Leider kommt die Entwicklung der Problemlösungskompetenz in der Schule oft zu kurz; über die Gründe dafür ist gerade in letzter Zeit, beispielsweise im Zusammenhang mit der Pisa-Studie, viel diskutiert worden. Im Bereich der häuslichen Arbeit besteht die Chance, gezielter auf das Kind einzugehen, als dies die Schule leisten kann, und seine individuelle Lern- und Arbeitsweise stärker zu berücksichtigen.

Sie haben also die Möglichkeit, Defizite der Schule auszugleichen, indem Sie Ihr Kind vor allem im Bereich der Fähigkeit zur selbstständigen Problemlösung fördern und stärken.

Gerade bei den Hausaufgaben lassen sich Problemlösungsstrategien trainieren.

Gewusst wie – darauf kommt es an!

Möglicherweise aufgrund der eigenen Schulerfahrung, vielleicht aber auch in dem Bestreben, das Kind mit „richtigen" Hausaufgaben in die Schule zu schicken, orientieren sich viele Eltern in erster Linie am sicht- und messbaren Ergebnis der Arbeit, weniger am „Gewusst wie", also dem Beherrschen der Vorgehensweise zur Lösung einer Aufgabe.

In der heutigen Trainingseinheit lernen Sie daher, ergebnisorientierte von prozessorientierten Hilfen zu unterscheiden.

Bitte versuchen Sie, die Beispiele auf der nächsten Seite einer der beiden Kategorien zuzuordnen:

3. Woche: Gezielt helfen

Es kommt vor allem darauf an, Lösungswege eigenständig zu finden und zu verstehen.

		ergebnis-orientiert	prozess-orientiert
1	„Freude" ist ein Namenwort! Und wie schreibt man Namenwörter?		
2	Was ist bei dieser Textaufgabe gefragt? Wie kannst du das feststellen?		
3	Erklär mir mal, wie ihr das in der Schule gemacht habt!		
4	Von den zehn Rechenaufgaben sind drei falsch. Rechne alle noch mal nach!		
5	Das weiß ich auch nicht so genau. Wo könnte man das denn nachschauen?		
6	„Fahren" wird mit h geschrieben, das hab ich dir schon hundertmal gesagt.		
7	Schau dir noch mal das Beispiel an, vielleicht findest du dann den Trick.		
8	Ja, so kann man das machen. Fällt dir noch eine Möglichkeit ein, wie es schneller gehen könnte?		
9	„Herr Müller tankt 630 l Benzin." Kann das stimmen?		
10	Das ist doch kein Quadrat! Die Seiten sind ja nicht gleich lang.		
11	Wie kannst du herausfinden, ob der Satz eine Ortsangabe enthält?		
12	Komm, wir schauen mal, warum du bei dieser Aufgabe ein falsches Ergebnis hattest.		

Haben Sie die Äußerungen 1, 4, 6 und 10 als ergebnisorientiert erkannt? Ausgezeichnet! Achten Sie bei der Arbeit mit Ihrem Kind künftig verstärkt darauf, dass Sie ihm nicht das Denken abnehmen, indem Sie die richtige Lösung vorwegnehmen.

Weitere Ideen für prozessorientierte Hilfen erhalten Sie in der nächsten Trainingseinheit.

18. Tag – Der Einsatz prozessorientierter Methoden

Diese Trainingseinheit stellt Ihnen einige bewährte Methoden vor, die dazu geeignet sind, die Fähigkeit Ihres Kindes zur selbstständigen Problemlösung zu stärken:

Geben Sie Ihrem Kind keine Lösungen vor.

Laut denken

Wissen Sie eigentlich, was im Kopf Ihres Kindes vorgeht, wenn es versucht, eine Aufgabe zu lösen? Häufig ist es ein ganz bestimmter „Denkfehler", der zu einem falschen Ergebnis führt. Helfen Sie Ihrem Kind, diesen Fehler zu identifizieren und abzustellen, indem Sie es auffordern, „laut zu denken".

Sie können zum Beispiel sagen: „Leider kann ich keine Gedanken lesen, schalte doch mal den Lautsprecher ein, damit ich hören kann, was du überlegst." Bestätigen Sie Ihr Kind, solange es auf dem richtigen Weg ist, und greifen Sie helfend oder korrigierend ein, sobald es den Faden verliert bzw. ein Denkfehler vorliegt. Festigen Sie den korrigierten Lösungsweg anhand weiterer Beispiele.

Rollentausch

Spielen Sie doch einmal Schüler und lassen Sie Ihr Kind in die Lehrerrolle schlüpfen. Es wird umso mehr Spaß an diesem Rollentausch haben, je „dümmer" Sie sich anstellen. Sie können diese Methode einsetzen, um Aufgabenstellungen zu klären, um Lösungswege erklären bzw. demonstrieren zu lassen oder auch um erfolgreiche Lösungsstrategien noch einmal bewusst zu machen. Gleichzeitig übt Ihr Kind bei diesem Spiel, sich klar und verständlich auszudrücken.

Gebrauchsanweisung

Eine Weiterentwicklung der beiden oben beschriebenen Methoden ist die Gebrauchsanweisung, die vor allem dann hilfreich ist, wenn sich Ihr Kind in der Abfolge einzelner Denk- bzw. Arbeitsschritte häufig verhaspelt.

Lassen Sie Ihr Kind die zur Lösung der Aufgabe erforderlichen Schritte entwickeln und halten Sie diese in Stichpunkten schriftlich fest. Das fertige Blatt dient dann zur Orientierung bei der weiteren Arbeit. Ältere Kinder können ein solches Blatt, sozusagen als „Spickzettel", auch selbst gestalten.

Lösungsweg übertragen

Wenn Ihr Kind für eine Aufgabe den Lösungsweg nicht auf Anhieb findet, können Sie ihm helfen, indem Sie eine einfachere Aufgabe formulieren, die auf die gleiche Weise zu lösen ist. Halten Sie die am vereinfachten Beispiel gefundenen Lösungsschritte wie oben beschrieben fest und fordern Sie Ihr Kind dann auf, die schwierigere Aufgabe auf die gleiche Weise zu lösen.

Schwierigkeiten vorhersehen

Bitten Sie Ihr Kind, nachdem die Aufgabenstellung geklärt ist, einmal zu überlegen, was man bei dieser Aufgabe alles falsch machen könnte, „wenn man nicht richtig aufpasst". Das Nachdenken über mögliche Fehlerquellen zwingt Ihr Kind dazu, sich den Kern der Aufgabe und den richtigen Lösungsweg bewusst zu machen. Die denkbaren Fehler, die es bereits im Vorfeld erkannt hat, wird es mit ziemlicher Sicherheit nicht machen.

Die hier skizzierten Methoden sollen Ihnen Anregungen geben, wie Sie Ihr Verhalten als Berater und Helfer Ihres Kindes optimieren können.

Experimentieren Sie in den nächsten Tagen mit den vorgeschlagenen Methoden; Sie werden schnell ein Gefühl dafür entwickeln, wie Sie den Lernprozess Ihres Kindes unterstützen können. Selbstverständlich sind Ihrer Kreativität und Fantasie bei der Abwandlung und Weiterentwicklung der Vorschläge keine Grenzen gesetzt.

19. Tag – Lerntypgerechte Unterstützung

Um Ihre Hilfen noch besser auf Ihr Kind abstimmen zu können, ist es wichtig zu erkennen, auf welche Weise es am besten lernt. Je nach Art der Informationsaufnahme und -verarbeitung unterscheidet man grob zwischen drei verschiedenen Lerntypen:

Lerntyp Hören – das Kind nimmt Informationen am besten über das Hören auf (auditiver Lerntyp)
Lerntyp Sehen – das Kind nimmt Informationen am besten über das Sehen auf (visueller Lerntyp)
Lerntyp Handeln – das Kind nimmt Informationen am besten auf, wenn es sie sich im Handeln selbst erarbeiten kann (kinästhetischer Lerntyp)

Überlegen Sie, auf welche Art der Informationsvermittlung Ihr Kind am besten reagiert. Dazu können Sie nicht nur das schulische Lernen heranziehen, sondern auch Alltagserfahrungen. Viele Ratgeber zum Thema Lernen enthalten auch Tests, die Sie ohne großen Aufwand mit Ihrem Kind durchführen können. Einen kurzen Test finden Sie auf Seite 118 ff.

Jedes Kind lernt anders – darauf gilt es Rücksicht zu nehmen.

3. Woche: Gezielt helfen

Wenn Sie den bevorzugten Lernweg Ihres Kindes kennen, sollten Sie diesen verstärkt nutzen; dadurch erhöht sich die Chance, dass Ihr Kind den Lernstoff behält. Eine weitere Steigerung erzielen Sie, indem für den gleichen Lernstoff unterschiedliche Lernwege aktiviert werden. Einige Möglichkeiten, die einzelnen Lerntypen gezielt anzusprechen, zeigt die folgende Übersicht:

Besonders effektiv für das Lernen ist es, wenn man schulische Inhalte auf mehreren Lernwegen vermittelt.

Hören	Sehen	Handeln
Vorlesen	Lesen	Aufschreiben
Merksprüche	Übersichten, Schaubilder	Hilfsmittel selbst gestalten
Kassettenrecorder einsetzen	Tabellen	
		den Stoff jemand anderem erklären
Fragespiele	Spickzettel, Checklisten	
	Bilder	Informationen beschaffen
	Filme	
	mit unterschiedlichen Farben arbeiten	etwas basteln
		Bewegungsspiele: zum Beispiel Abwandlungen von „Alle Vögel fliegen hoch"
	Lernposter	
	Visuelle Lernspiele: Memorys, Puzzles …	

20. Tag – Verbesserung : aus Fehlern lernen

Wie bereits in den vorherigen Trainingseinheiten können Sie auch hier Ihrer Fantasie (und erst recht der Ihres Kindes) freien Lauf lassen.

> Abwechslung beim Lernen macht nicht nur mehr Spaß, sondern hilft auch dabei, wichtige Inhalte auf Dauer im Gehirn zu verankern.

20. Tag – Verbesserung: aus Fehlern lernen

Wenn ich an meine eigene Schulzeit zurückdenke, so gehörten Verbesserungen von Klassenarbeiten so ziemlich zu den ungeliebtesten, weil langweiligsten Aufgaben überhaupt. Daran hat sich bis heute wenig geändert: Auch heute noch ist es weit verbreitet, ein falsch geschriebenes Wort zur „Verbesserung" dreimal richtig aufzuschreiben, was zu Kuriositäten wie „dass, dass, dass" führt. Der Erkenntnisgewinn aus einer solchen Verbesserung ist gleich null.

Gerade nach einer missratenen Klassenarbeit haben Kinder verständlicherweise wenig Lust, sich ausgiebig mit dem Thema zu beschäftigen und sich dadurch noch einmal mit ihrem Scheitern konfrontiert zu sehen. Andererseits ist dies der erste Schritt, die gleichen Fehler nicht zu wiederholen und es beim nächsten Mal besser zu machen. Vielleicht können Sie Ihr Kind mit diesem Argument dazu motivieren, sich die Klassenarbeit noch einmal genau anzuschauen. Lassen Sie so weit wie möglich Ihr Kind erklären, worin der jeweilige Fehler besteht, und die richtige Lösung begründen.

Nur sinnvoll gestaltete Verbesserungen „verbessern" die Leistung auch wirklich.

3. Woche: Gezielt helfen

Die Strichliste

Was man häufig sieht, prägt sich ein.

Bei Diktaten und Aufsätzen hilft eine Strichliste für verschiedene Fehlertypen (zum Beispiel Dehnungs-h, Doppelkonsonanten, Groß-/Kleinschreibung) zu erkennen, welche Art von Fehlern gehäuft auftritt. Das jeweilige Thema kann dann vor der nächsten Klassenarbeit noch einmal gezielt geübt werden. Vielleicht sind es aber auch so simple Dinge wie vergessene i-Punkte, über die Ihr Kind sich nachträglich ärgert.

Lassen Sie Ihr Kind entscheiden, welchen Fehler es in der nächsten Klassenarbeit ganz bestimmt nicht wieder machen will, und bitten Sie es, dazu einen großen „Merkzettel" zu gestalten, der dann deutlich sichtbar aufgehängt wird. Je auffälliger und origineller dieses Blatt aussieht, desto wirksamer ist es. Vor dem nächsten Test können Sie noch einmal eine kleinere Version für die Hosentasche oder das Mäppchen anfertigen, die Ihr Kind vor der Arbeit ein letztes Mal anschaut und dann wegwirft.

Was nun die von der Schule verlangte Verbesserung angeht, so beurteilen Sie selbst, wie sinnvoll deren Gestaltung ist. Haben Sie den Eindruck, dass hier nur sinnlos Zeit verschwendet wird, so sprechen Sie das Thema doch einmal beim nächsten Elternabend an.

21. Tag – Sich selbst entlasten, Helfer mobilisieren

Die dritte Woche ist geschafft! Zunächst einmal möchte ich Ihnen ein Kompliment für Ihr Engagement und Ihr Durchhaltevermögen machen, denn gerade die letzte Woche war sicher nicht immer einfach. Halten Sie einen Moment inne, führen Sie sich vor Augen, was Sie und Ihr Kind in den letzten zwanzig Tagen geschafft haben. Werfen Sie noch einmal einen Blick auf Ihre Zielsetzung zu Beginn des Trainings.

Eine gelegentliche Belohnung verdient nicht nur das Kind, sondern auch sein „Helfer" – Mutter oder Vater.

3. Woche: Gezielt helfen

- Wo haben Sie Fortschritte gemacht?
- Was klappt besser als am Anfang?
- Was haben Sie, was hat Ihr Kind gelernt?
- Wo sind Sie auf dem richtigen Weg?
- Wie hat sich das Klima zwischen Ihnen und Ihrem Kind verändert?

Bestimmt werden Sie einige Veränderungen hin zum Positiven erkennen.

Wie wäre es, wenn Sie nicht nur Ihr Kind, sondern ganz bewusst auch einmal sich selbst dafür belohnten? Nehmen Sie sich eine kleine Auszeit und tun Sie sich etwas Gutes – Sie finden sicher etwas, was Ihnen Freude macht.

Aufgaben delegieren

Nicht immer müssen die Eltern für alles zuständig sein – auch andere Personen können das Kind während der Hausaufgaben betreuen.

Um Ihr Kind langfristig von Ihnen unabhängig zu machen, kann es von großem Vorteil sein, wenn die Hausaufgaben nicht ausschließlich ein Thema zwischen Ihnen beiden sind. Sie entlasten nicht nur sich selbst, wenn Sie einen Teil Ihrer Aufgaben delegieren, Sie fördern auch Ihr Kind, denn es lernt dadurch, sich auf die Anforderungen unterschiedlicher Bezugspersonen einzustellen. Gerade wenn es rund um die Hausaufgaben häufiger zu Konflikten gekommen ist, kann eine neutrale Person wesentlich zur Entspannung beitragen. Aber auch wenn es eigentlich keine Probleme gibt, zeigen Sie Ihrem Kind Ihr Vertrauen, indem Sie sich (zumindest zeitweise) zurückziehen.

Bitte überlegen Sie einmal, welche Aufgaben Sie auf andere Personen übertragen können, wollen oder vielleicht sogar müssen. Machen Sie eine Liste möglicher Helfer, zum Beispiel ältere Geschwister, der andere Elternteil, Großeltern, Eltern von Klassenkameraden usw.

Wer von diesen Personen könnte im Notfall für Sie einspringen? Wer wäre bereit und in der Lage, Sie regelmäßig zu

21. Tag – Sich selbst entlasten, Helfer mobilisieren

entlasten? Auch wenn Sie eine dauerhafte und ständige Hausaufgabenbetreuung für Ihr Kind suchen, gibt es meist mehrere Möglichkeiten: Angebote der Schule, Hort, kommerzielle Anbieter.

Denkbar ist auch eine kleine Lerngruppe, die von beteiligten Eltern betreut wird. In der Regel ist Ihr Kind in solchen Institutionen gut aufgehoben, und für die meisten Kinder ist es eine zusätzliche Motivation, wenn sie mit anderen zusammen arbeiten und lernen können.

Tipps und Tricks von A – Z
(5 Seiten nur für Kids)

Geschickt lernen – lautet das Motto. Dafür gibt es manchen Trick.

A Auswendiglernen

Wenn du zum Beispiel ein Gedicht auswendig lernen musst, leg ein großes Blatt so über den Text, dass du das Ende jeder Zeile abdeckst. Schaffst du es, die Zeilen trotzdem zu vervollständigen? Dann schiebe das Blatt etwas weiter nach links und versuche es noch einmal. Mach so lange weiter, bis du den Text komplett zugedeckt hast.

B Bilder

Vieles bleibt besser im Gedächtnis, wenn man Bilder davon gesehen hat. Wenn in deinem Buch zu einem Text keine Bilder sind, kannst du dir ja selber welche suchen, malen oder einfach vorstellen. Wenn du dich später an die Bilder erinnerst, fällt dir auch der Text wieder ein.

C Computer

Computer sind nicht nur zum Spielen da, sondern auch zum Lernen. Wenn du ein Computerfreak bist, macht dir ein Lernprogramm wahrscheinlich mehr Spaß als ein langweiliges Arbeitsblatt. Frag doch einfach mal deine Eltern. Viele interessante Materialien zum Lernen gibt es auch kostenlos im Internet.

Diktat

Du musst für ein Diktat üben und es ist gerade keiner da, der dir etwas diktiert? Kein Problem, diktiere dir doch einfach selbst. Häng oder leg den Text so hin, dass du ihn beim Schreiben nicht siehst. Schau dir einen Satz genau an, lern ihn auswendig und schreib ihn dann auf. Später kannst du das Geschriebene mit dem Original vergleichen. Klar, dass du dich nicht selbst beschummelst, oder?

Erklären

Eine der besten Lernmethoden ist es, anderen etwas zu erklären. Dazu musst du nicht unbedingt deine Freunde nerven. Du kannst ja auch einfach so tun als ob und zum Beispiel deinem Kuscheltier einen kleinen Vortrag halten.

Fragen

Wer nicht fragt, bleibt dumm! Den Spruch kennst du vielleicht noch aus der Sesamstraße. Wer Fragen stellt, zeigt aber auch, dass er sich für etwas interessiert. Also frag, so viel und so oft du kannst, vor allem in der Schule.

Gedanken

Manchmal können Gedanken ganz schön nervig sein, vor allem, wenn sie einem nicht aus dem Kopf gehen wollen und bei der Arbeit stören. Da hilft nur, sie für eine Weile wegzupacken. Wie das geht? Schreib den Gedanken auf einen Zettel und steck ihn in einen Umschlag oder in die nächste Schublade. Wenn du mit der Arbeit fertig bist, kannst du ihn wieder rausholen und dich damit beschäftigen.

H Handwerkszeug

Jeder Handwerker achtet darauf, dass sein Werkzeug immer tipptopp ist, denn sonst kann er nicht ordentlich arbeiten. Und wie sieht dein Handwerkszeug für die Schule aus? Wenn du mit Schrottwerkzeug arbeitest, kommt auch nur Schrott dabei heraus.

K Keine Lust

Wer behauptet, dass ihm das nie passiert, der lügt ganz bestimmt! Das Dumme daran ist nur, dass alles noch viel länger dauert, wenn man sich lustlos an die Arbeit macht. Profitipp: Du hast drei Minuten Zeit, dich richtig auszutoben, herumzuschreien und alle Gründe zu finden, warum du diese Sch…-Aufgabe nicht machen willst. Dann reicht es aber! Leg los und sieh zu, dass du die Sache hinter dich bringst.

L Lieblingsfehler

Hast du auch ein paar Fehler, die dir immer wieder passieren? Keine Sorge, jeder hat solche „Lieblingsfehler". Wenn du dir deine abgewöhnen möchtest, mal doch einfach mal ein großes Plakat, auf das du diese Fehler aufschreibst, und häng es über deinen Arbeitsplatz. Das hilft dir, in Zukunft diese Fehler zu vermeiden.

M Musik

Mit Musik geht alles besser – oder auch nicht! Musik stört meistens, wenn man sich auf eine Sache voll konzentrieren muss, zum Beispiel auf Matheaufgaben. Nutz die Musik vor und nach der Arbeit, um dich zu entspannen, aber schalte sie während der Arbeit ab.

Nachschlagen

Manche Leute behaupten, man muss eigentlich gar nichts wissen, man muss nur wissen, wo es steht. Das ist vielleicht ein bisschen übertrieben, aber es ist keine Schande, wenn du etwas nicht genau weißt. Du kannst es ja nachschlagen, zum Beispiel im Wörterbuch oder Lexikon.

Pause

Dass Pausen das Beste an der Schule sind, weiß jeder. Aber wusstest du auch, dass man viel besser lernt, wenn man öfter mal Pause macht? Dein Gehirn braucht die Pausen, um sich zu erholen. Also Pausen einplanen, denn wenn die Batterie erst einmal leer ist, geht gar nichts mehr.

Quiz

Musst du zum Beispiel für eine Klassenarbeit ziemlich viel Lernstoff behalten? Versuchs doch mal mit einem Quiz, das du zusammen mit Klassenkameraden oder mit deiner Familie veranstaltest. Schreib die Fragen auf Karteikarten und die Antworten auf die Rückseite, und schon könnt ihr loslegen.

Rückwärts lesen

Wenn du zum Beispiel ein Diktat noch einmal auf Fehler kontrollieren willst, versuch doch einmal, den Text von hinten nach vorn zu lesen, also mit dem letzten Wort anzufangen. Du schaust dann viel genauer hin und findest wahrscheinlich mehr Fehler.

Spickzettel

Spickzettel bei der Klassenarbeit sind natürlich verboten, aber sich vorher einen zu machen ist erlaubt. Überleg dir genau, was wichtig ist und unbedingt auf dem Spickzettel stehen muss. Schau ihn dir so oft wie möglich an, zum letzten Mal direkt vor der Arbeit, und wirf ihn dann weg.

 Vergessen

Hast du schon einmal versucht, etwas unbedingt zu vergessen? Richtig, das geht nicht! Wenn du dir das nächste Mal etwas unbedingt merken musst, nimm dir doch einfach einmal vor, es mit aller Gewalt zu vergessen. Du wirst sehen, der Trick funktioniert!

 Wichtig!

Manchmal hat man so viele Dinge zu erledigen, dass man gar nicht alles schaffen kann. Dann kommt es darauf an, das Wichtigste zuerst zu tun. Mach dir am besten eine Liste mit allem, was du zu tun hast, und vergib Punkte: 3 für „sehr wichtig", 2 für „sollte erledigt werden", 1 für „kann noch warten". Fang mit den 3-Punkte-Aufgaben an.

4. Woche: Fürs Leben lernen

„Nicht für die Schule, für das Leben lernen wir", wussten schon die alten Römer. Im Mittelpunkt der vierten Trainingswoche steht deshalb der Blick „über den Tellerrand" der Hausaufgaben. Sie erhalten hier Anregungen, wie Sie schulisches Lernen in Alltagserfahrungen integrieren können und Ihr Kind ganz nebenbei fördern.

22. Tag – In der Trickkiste stöbern, mit Lerntipps experimentieren

Achten Sie immer aufmerksam auf Möglichkeiten, bei denen Ihr Kind Gelerntes aktiv nutzen kann.

Die Trickkiste auf den vorigen Seiten ist in erster Linie für Ihr Kind bestimmt. Sie soll ihm nicht nur Anregungen geben, wie Lernprozesse erfolgreich gestaltet werden können, sondern es auch dazu ermuntern, über sein Lernverhalten nachzudenken und eigene Ideen zu entwickeln.

Gestalten Sie das Entdecken dieser Tipps möglichst zwanglos und spielerisch, Ihr Kind soll mit Spaß an die Sache herangehen und nicht den Eindruck haben, hart arbeiten zu müssen. Sie können zum Beispiel die einzelnen Tipps vorlesen und Ihr Kind bitten, sie mit Schulnoten zu bewerten. Vielleicht erstellen Sie auch gemeinsam eine „Hitparade". Die „Top 10" können Sie auf einzelne Karten übertragen und mit Bildern oder Zeichnungen ausschmücken. Fragen Sie Ihr Kind, ob es selbst einen oder mehrere Tipps hat, die es aufschreiben möchte; drängen Sie es jedoch nicht, wenn ihm spontan nichts einfällt. Sie können später jederzeit darauf zurückkommen.

Bitten Sie Ihr Kind zum Schluss, sich für einen Lerntipp zu entscheiden, den es in der kommenden Woche ausprobieren möchte. Dieser Tipp sollte zur Erinnerung am Arbeitsplatz aufgehängt werden.

23. Tag – Der Umgang mit Texten: „Durchlesen" und mehr

„Und dann sollen wir noch den Text auf Seite 21 durchlesen." Im Bewusstsein vieler Kinder (und leider auch Eltern) haben solche Hausaufgaben kaum eine Bedeutung. Lesen geht schnell, und wie gründlich man es getan hat, ist nicht auf den ersten Blick sichtbar. Meinen Schülern sage ich oft, dass

23. Tag – Der Umgang mit Texten: „Durchlesen" und mehr

allein der Begriff „durch"-lesen schon erkennen lässt, wie etwas „zum einen Ohr (oder Auge) rein und zum anderen rausgeht".

> Lesen ist viel mehr: im Alltag eine unserer wichtigsten Methoden der Informationsbeschaffung, aber auch ein Tor zur Welt, Anregung für die Fantasie und wesentliche Grundlage für die Auseinandersetzung mit Ideen und Gedanken anderer Menschen.

Freude am Lesen erwirbt das Kind am einfachsten über das Vorbild der Eltern.

Die Lust am Lesen vermitteln Sie Ihrem Kind am besten durch Ihr Vorbild. In Familien, in denen Lesen eine Selbstverständlichkeit ist, greifen auch die Kinder früher oder später zum Buch.

Hier soll es jedoch zunächst um die Förderung grundlegender Lesekompetenz gehen. Nutzen Sie im Alltag jede sich bietende Gelegenheit, Ihr Kind lesen zu lassen. Dabei ist es im Prinzip völlig gleichgültig, was es liest. Ob es ein Straßenschild erkennt, die Aufschrift auf der Cornflakes-Packung entziffert, das Fernsehprogramm studiert oder eine Spielanleitung versteht, entscheidend ist die Erfahrung, wie unentbehrlich Lesen ist. Gerade für Leseanfänger ist es ein tolles Gefühl, nicht mehr immer auf die Hilfe und Erklärung anderer angewiesen zu sein; je häufiger Sie Ihrem Kind dieses Gefühl vermitteln, desto mehr Freude am Lesen wird es entwickeln.

Aber auch für ältere Kinder gibt es Tag für Tag hunderte von Leseanlässen: Lassen Sie Ihr Kind nachschauen, welche Zutaten für den Geburtstagskuchen eingekauft werden müssen, welche Telefonnummer die Autowerkstatt hat oder wann der nächste Bus in die Stadt abfährt. Nehmen Sie dabei in Kauf, dass es vielleicht etwas länger dauert, die entsprechende Auskunft zu beschaffen. Sie vermitteln Ihrem Kind dabei eine der wichtigsten Fähigkeiten überhaupt – die Kompetenz, Informationen aus Texten zu entnehmen.

Wenn Sie in Gedanken einmal einen ganz normalen Tag durchgehen und nach Leseanlässen suchen, wird es Ihnen künftig sicher nicht schwer fallen, Ihrem Kind entsprechende Anregungen zu geben.

Lesen als Hausaufgabe

Sprechen Sie mit Ihrem Kind über das, was es gelesen hat.

Kommen wir noch einmal zurück auf das Lesen als Hausaufgabe. In der Regel fehlt hier die Motivation durch ein konkretes Informationsbedürfnis; dementsprechend lustlos und nachlässig werden solche Aufgaben häufig erledigt. Eine bewährte Technik, das Interesse zu wecken und damit die Aufmerksamkeit beim Lesen zu erhöhen, besteht darin, zunächst anhand unmittelbar zugänglicher Informationen, wie zum Beispiel Bildern, Überschriften usw., über den Inhalt des Textes zu spekulieren. Worum geht es hier wahrscheinlich? Was weiß ich schon über dieses Thema, was möchte ich noch erfahren? Lassen Sie Ihr Kind Fragen an den Text formulieren und beim Lesen nach Antworten suchen. Lassen Sie sich den Inhalt des Textes erzählen und sprechen Sie mit Ihrem Kind darüber. So schulen Sie gleichzeitig den Blick des Kindes für das Wesentliche und seine Fähigkeit, sich verständlich auszudrücken.

Das Vorlesen üben

Manchmal geht es bei Leseaufgaben allerdings nicht in erster Linie um den Inhalt des Textes, sondern um das Lesen an sich, genauer gesagt das Vorlesen. Doch selbst ein geübter und erfahrener Leser ist nicht zwangsläufig auch ein guter Vorleser. Wenn Ihr Kind nicht zu den großen Vorlesetalenten gehört, lassen Sie es zunächst leise für sich lesen und den

Inhalt des Textes verstehen. Greifen Sie beim Vorlesen möglichst wenig ein, damit der Lesefluss nicht ständig unterbrochen wird. Lassen Sie stattdessen lieber Ihr Kind selbst herausfinden, wie sein Vorlesen klingt und was daran verbessert werden kann, indem Sie einen Kassettenrecorder einsetzen. Üben Sie damit, solange es Ihrem Kind Spaß macht, aber quälen Sie es nicht unnötig lange, denn während Lesen eine unerlässliche Basiskompetenz ist, ist gutes Vorlesen eine Fertigkeit, die im Laufe der Schulzeit immer mehr an Bedeutung verliert.

24. Tag – Erzählen: das Ausdrucksvermögen verbessern

Alle Kinder erzählen: von ihren Erlebnissen im Laufe eines Tages, von besonderen Ereignissen, aufregenden Beobachtungen und spannenden Abenteuern. Alle Kinder denken sich auch Geschichten aus: von wilden Tieren auf dem Schul-

4. Woche: Fürs Leben lernen

Auch Kinder, die sonst unentwegt plappern, können urplötzlich verstummen, wenn sie etwas „erzählen" sollen.

hof, der Jagd auf einen (vermeintlichen) Einbrecher, von Geistern, Außerirdischen und vielem mehr. Wann hat Ihr Kind Ihnen zum letzten Mal etwas erzählt?

Erst wenn das Erzählen zur Pflicht wird, wenn die Geschichte aufgeschrieben werden soll und anschließend beurteilt und bewertet wird, beginnt für viele Schüler das Problem: „Wir sollen einen Aufsatz schreiben, aber mir fällt überhaupt nichts ein!"

Gutes Erzählen will gelernt und geübt sein, und auch dies können Sie ganz beiläufig im Alltag trainieren, ohne dass Ihr Kind merkt, wie es dabei lernt.

Beginnen Sie mit den spontanen Erzählungen Ihres Kindes: Eltern haben ungeahnte Fähigkeiten, selbst aus den wirrsten Bruchstücken noch herauszulesen, was das Kind ihnen mitteilen will. So entsteht beim Kind der Eindruck, seine Äußerungen müssten für jedermann verständlich sein, auch wenn sie dies objektiv nicht sind. Seien Sie also künftig ruhig etwas kritischer, fragen Sie nach, wenn Ihnen etwas nicht auf Anhieb klar ist. Melden Sie Ihrem Kind zurück, wenn Sie etwas gut verstanden haben, aber auch, wenn Sie seiner Erzählung nicht folgen können. So übt es, sich klar auszudrücken und seine Erzählung folgerichtig aufzubauen.

Die Fantasie fördern

Die Fantasie Ihres Kindes können Sie anregen, indem Sie zum Beispiel Geschichten erfinden und sich gegenseitig erzählen, anstatt einfach Vorgefertigtes zu konsumieren. Viel Spaß kann es auch machen, eine gemeinsame Geschichte zu produzieren: Einer fängt an, der andere setzt die Geschichte fort usw.

Oder spielen Sie doch einmal „Meine Geschichte – deine Geschichte"; dabei wird ein gemeinsames Erlebnis aus zwei verschiedenen Perspektiven erzählt. Und schließlich können

Sie Ihr Kind immer wieder ermuntern, seine Geschichten aufzuschreiben (stellen Sie sich notfalls als Sekretärin zur Verfügung). Vielleicht entsteht daraus sogar ein ganz persönliches Geschichtenbuch. Auch ein Tagebuch, Briefe oder E-Mails animieren zum Erzählen und Schreiben.

Fantastische Welten herbeifabulieren – das macht jedem Kind Spaß!

25. Tag – Mathe im Alltag

Ihr Kind kann wunderbar rechnen – wenn nur die blöden Textaufgaben nicht wären? Spätestens seit der Pisa-Studie wissen wir, dass die Mathematik-Didaktik an unseren Schulen zu einseitig auf das operative Rechnen ausgerichtet ist, die Fähigkeit zur Problemlösung jedoch nicht ausreichend entwickelt wird.

Viele Kinder sehen Mathematik deshalb als etwas an, was man lernen muss, ohne dass sie verstehen, wozu. Tatsächlich aber ist Mathematik kein Selbstzweck, sondern ein Instrument, mit dessen Hilfe man Fragen beantworten und

4. Woche: Fürs Leben lernen

Mathe ist kein „sinnloser" Selbstzweck, sondern hilft Alltagsprobleme zu lösen – dies muss das Kind erkennen.

Probleme lösen kann. Im Gegensatz zum Schulunterricht, wo die Textaufgaben – sozusagen als Krönung eines Lernabschnitts – meist ganz zum Schluss kommen, stellt sich in der Praxis zunächst das Problem und erst dann kommt das Rechnen als Lösungshilfe zum Einsatz.

Nutzen Sie also jede Chance, Ihrem Kind zu verdeutlichen, wieso es hilfreich ist, rechnen zu können. Ob beim Einkauf, im Haushalt, beim Umgang mit dem Taschengeld – der Alltag bietet jede Menge Anlässe zum Rechnen.

Besonders wichtig ist es dabei, dass Ihr Kind begreift, welche Inhalte sich hinter einer Rechenoperation verbergen.

4 x 3 = 12 kann vielerlei bedeuten:
- Wenn ich wöchentlich 3 Euro Taschengeld bekomme, sind das in 4 Wochen 12 Euro.
- Wenn mein Zimmer 4 m lang und 3 m breit ist, hat es 12 m^2.
- Für 3 Mitspieler beim „Mensch ärgere dich nicht" brauchen wir 12 Spielsteine.

> Ihr Kind wird einen leichteren und besseren Zugang zur Mathematik finden, wenn es in der Lage ist, mit einer Rechnung eine konkrete Vorstellung zu verbinden. Dies gilt insbesondere auch für den Umgang mit Maßeinheiten, also Längen, Gewichten usw.

Lassen Sie Ihr Kind mit Zollstock und Waage experimentieren, Entfernungen schätzen und Mengen vergleichen. Machen Sie Bezeichnungen wie Millimeter, Kilogramm und Liter begreif- und erfahrbar. Dann wird Ihr Kind hoffentlich nicht auf die Idee kommen, 1500 m könnten vielleicht 1,5 cm sein.

Umgekehrt ist es bei der Bearbeitung der Hausaufgaben hilfreich, auf die konkrete Anschauung zu verweisen, vielleicht eine kleine Skizze anzufertigen oder eventuell sogar die Aufgabe durchzuspielen, um dem Kind das Problem klarzumachen.

26. Tag – Informationsbeschaffung

Fast täglich begegnen mir bei meiner Arbeit Schüler, die mich mit der Auskunft zu verwechseln scheinen, mich als wandelndes Wörterbuch, als Lexikon, Atlas oder Formelsammlung zu missbrauchen versuchen. Natürlich ist es bequem, jemanden zu haben, der sozusagen auf Knopfdruck die gewünschten Informationen ausspuckt; doch wer nicht in der Lage ist, sich selbst zu helfen, bleibt unselbstständig und gerät in Abhängigkeit.

Machen Sie Ihr Kind also vertraut mit der Nutzung von Nachschlagewerken; besorgen Sie ihm ein Grundschul-Wörterbuch (gegebenenfalls mit der Lehrkraft abstimmen), ein Jugendlexikon und zeigen Sie ihm, wie man damit um-

Sich jederzeit die gewünschten Informationen beschaffen zu können ist eine Schlüsselqualifikation für die Zukunft.

geht. Gehen Sie mit gutem Beispiel voran, zeigen Sie Ihrem Kind, dass auch Sie nicht alles wissen und dass es keine Schande ist, in einem solchen Fall auf Hilfsmittel zurückzugreifen.

Zeigen Sie Ihrem Kind auch Möglichkeiten auf, sich umfassender über bestimmte Themen zu informieren. Befragen Sie „Experten", zum Beispiel die Großeltern, wenn es darum geht, wie die Welt vor 50 Jahren aussah.

Gehen Sie gemeinsam in eine Bibliothek, lassen Sie Ihr Kind erst einmal nach Lust und Laune herumstöbern und verbinden Sie den nächsten Besuch mit einem konkreten Suchprojekt.

Auch das Internet bietet sich als Informationsquelle an, dort gibt es inzwischen eine ganze Reihe von Seiten, die speziell für Kinder gestaltet wurden. Wenn Sie bisher noch keine Erfahrung mit diesem Medium haben, entdecken Sie es doch einfach gemeinsam! Wahrscheinlich wird Ihr Kind Ihnen schon bald ein gutes Stück voraus sein.

27. Tag – Vertiefung von Themen des Unterrichts

Das Kind muss immer wieder erfahren, dass Schule tatsächlich etwas mit dem „wirklichen" Leben zu tun hat – dieses Bezugswissen lässt sich bei den Hausaufgaben vermitteln.

Wie oft haben wir uns im Laufe unserer Schulzeit gefragt, wozu man dies oder jenes eigentlich lernen und wissen muss, weil wir keinen Zusammenhang zwischen dem Lernstoff des Unterrichts und unserem Alltag erkennen konnten, weil das, was uns brennend interessiert hätte, gerade nicht auf dem Lehrplan stand?

Lernen fällt umso leichter, je unmittelbarer das Gelernte angewandt werden kann.

Kehren wir also noch einmal zurück zur Ausgangsfrage dieser Woche: Was hat Schule mit dem wirklichen Leben zu tun?

Bei der Vielfalt der Themen, die im Unterricht behandelt werden müssen, wäre es ein Zufall, wenn gerade das Thema auf der Tagesordnung stünde, das Ihr Kind zurzeit am brennendsten interessiert. Vieles bleibt zwangsläufig theoretisch und ist meilenweit von der aktuellen Lebenswirklichkeit des Kindes entfernt. Doch ohne echtes, primäres Interesse fällt das Lernen schwer, ein großer Teil des Lernstoffs wird schnell wieder vergessen.

Natürlich können wir nicht erwarten, dass die Schule die Neugier jedes einzelnen Kindes befriedigt, auf seine individuellen Fragen und Bedürfnisse eingeht, aber vielleicht kann es umgekehrt gelingen, Neugier und Interesse des Kindes für den Unterrichtsstoff zu wecken.

Neugier wecken
Ein erster Schritt hierzu ist es, wenn Sie Interesse an den Inhalten des Unterrichts zeigen. Lassen Sie Ihr Kind berichten, stellen Sie Fragen, geben Sie ihm Gelegenheit, seinen Wissensvorsprung zu zeigen. Entdecken Sie gemeinsam Zusammenhänge und Anwendungsmöglichkeiten für das Gelernte. Schauen Sie sich zusammen eine Fernsehsendung zum Thema an, besorgen Sie ein Buch (zu vielen Themen gibt es ausgezeichnete Sachbücher für Kinder) oder machen Sie das Unterrichtsthema Ihres Kindes zum Gegenstand für den nächsten Wochenendausflug.

28. Tag – Lernvertrag und Lernstrategien

Nun haben Sie es fast geschafft – der erfolgreiche Abschluss des Trainingsprogramms kann gefeiert werden. Und das ist durchaus wörtlich zu nehmen: Organisieren Sie ein kleines Fest, das Ihnen und Ihrem Kind Freude macht! Nehmen Sie

4. Woche: Fürs Leben lernen

Erfolge und auch Bemühungen müssen gefeiert werden – belohnen Sie sich und Ihr Kind mit einem kleinen Fest!

sich in entspannter Atmosphäre die Zeit, mit Ihrem Kind noch einmal über die vergangenen Wochen nachzudenken, Ihre Fortschritte zu erkennen, vielleicht auch kleinere Probleme anzusprechen.

Werfen Sie noch einmal einen Blick auf die Fragebogen und Ihre gemeinsame Zielsetzung vom ersten Tag. Auch wenn Sie vielleicht noch nicht alle Ziele erreicht haben, sind Sie doch sicher ein gutes Stück vorangekommen.

Überlegen Sie, welche Methoden und Hilfsmittel sich als besonders günstig erwiesen haben, und halten Sie diese noch einmal schriftlich fest:

_____

_____

_____

Bitten Sie auch Ihr Kind zu sagen, was ihm besonders weitergeholfen hat. Es kann diese erfolgreichen Lernstrategien als Lerntipp formulieren und in die Sammlung aufnehmen.

_____

_____

Mit den Trainingseinheiten der letzten Woche haben Sie zudem gute Voraussetzungen geschaffen, die Freude Ihres Kindes am Lernen langfristig zu erhalten und eventuell noch zu steigern. Setzen Sie diesen Weg konsequent fort, indem Sie sich und Ihrem Kind immer wieder neue Ziele setzen.

28. Tag – Lernvertrag und Lernstrategien

Was wollen Sie, was will Ihr Kind in nächster Zeit noch erreichen?

_____

_____

_____

Unser Lernvertrag für die Zukunft

Schließen Sie zum Abschluss des Trainings mit Ihrem Kind einen Lernvertrag, in dem konkrete Schritte zum Erreichen Ihrer Ziele vereinbart werden. Ein Beispiel für einen solchen Vertrag haben Sie schon kennen gelernt (vergleiche 9. Tag, Seite 34 ff.).

Hier noch einmal die wichtigsten Punkte, die Sie berücksichtigen müssen:

- Beschränken Sie sich auf maximal drei konkrete Verabredungen.
- Wählen Sie verbindliche Formulierungen (nicht „ich will versuchen", sondern „ich werde …").
- Legen Sie einen Zeitraum fest, für den der Vertrag gelten soll.
- Vereinbaren Sie eine Belohnung für das Einhalten des Vertrags.
- Vergessen Sie nicht Datum und Unterschriften.

Ausblick
Das Kind wird älter: neue Aufgaben, neue Herausforderungen

Stärken Sie Ihr Kind, damit es neue Aufgaben möglichst selbstständig angehen und bewältigen kann. Stehen Sie ihm aber immer zur Seite.

Spätestens wenn Ihr Kind eine weiterführende Schule besucht, kommen neue Herausforderungen auf Sie beide zu. Es wird mehr und mehr Lernarbeit bewältigen müssen, angefangen von den Vokabeln einer Fremdsprache bis hin zu unzähligen Fakten in den so genannten Nebenfächern. Es wird seine Arbeitsorganisation variieren müssen, denn nicht immer ist es möglich und sinnvoll, die Hausaufgaben jeweils am gleichen Tag zu erledigen. Und es wird längerfristige Projekte wie zum Beispiel Klassenarbeitsvorbereitungen und Referate in seine Planung einbeziehen müssen. Helfen Sie ihm dann, die geübten und bewährten Methoden weiterzuentwickeln und auf die neuen Gegebenheiten abzustimmen.

Achten Sie selbst vor allem darauf, unter dem erhöhten Leistungsdruck nicht wieder in längst abgelegte Gewohnheiten zu verfallen. Vertrauen Sie auf die Lernkompetenz Ihres Kindes und auf sein Verantwortungsbewusstsein. Helfen Sie auch weiterhin nur, wenn Sie darum gebeten werden.

Weitere Hilfen

Wenn Sie das 28-Tage-Programm mit Ihrem Kind konsequent durcharbeiten, legen Sie eine wichtige Basis für selbstständiges Arbeiten. Zusätzlich finden Sie in diesem Kapitel weitere Anregungen für Übungen rund um die Hausaufgaben.

Weitere Hilfen

Entspannen und Konzentrieren – Übungen für Eltern und Kinder

Konzentriertes Arbeiten setzt Entspannung voraus, unter Stress ist die Leistungsfähigkeit herabgesetzt, wenn nicht gar völlig blockiert. Die folgenden einfachen Übungen helfen Ihrem Kind (und auch Ihnen, wenn Sie möchten), kurz abzuschalten und sich auf die Arbeit einzustimmen, in kleinen Pausen neue Kraft zu sammeln und eventuell auch mit besonderen Belastungen, zum Beispiel bei Klassenarbeiten, besser umzugehen.

Zunächst finden Sie im Folgenden drei Körperübungen zur Muskelentspannung, die Ihr Kind ohne größeres Training anwenden kann:

Körperübungen lockern die Muskulatur und entspannen den Geist.

Streck dich mal!
Ihr Kind sitzt auf einem Stuhl.
Bitten Sie es, die Hände hinter dem Kopf zu verschränken.
Ellbogen nun so weit wie möglich nach hinten drücken und den Oberkörper zurücklehnen.
Beine nach vorne strecken, Po-, Bauch- und Beinmuskeln anspannen und die Fußspitzen mit aller Kraft nach unten drücken.
Nicht die Luft anhalten!
Diese Stellung etwa fünf Sekunden halten, dann nach vorne beugen, Muskeln lockern und die Arme zwischen den Beinen baumeln lassen.
So lange in dieser Stellung verharren, wie es für das Kind angenehm ist.
Übung eventuell wiederholen.

Hand- und Fußabdrücke machen

Ihr Kind sitzt auf einem Stuhl, die Füße stehen – etwa schulterbreit geöffnet – fest auf dem Boden, die Hände liegen flach auf der Tischplatte.

Nun die Hände mit aller Kraft auf die Tischplatte drücken, dabei den übrigen Körper nicht bewegen und gleichmäßig weiteratmen. (Sie können Ihrem Kind erklären, dass niemand mitbekommen darf, dass es Handabdrücke macht.)

Anspannung etwa fünf Sekunden halten, dann locker lassen.

Als Nächstes Füße mit aller Kraft gegen den Boden drücken, Anspannung halten und locker lassen.

Übung mit Händen und Füßen gleichzeitig wiederholen.

Anschließend Arme und Beine locker ausschütteln.

Diese Übung lässt sich unauffällig auch in der Schule durchführen, zum Beispiel um sich während einer Prüfung kurz zu entspannen und zu sammeln.

Klimmzüge

Bitten Sie Ihr Kind sich vorzustellen, es müsse sich (wie Tarzan) an einem Seil (oder einer Liane) nach oben ziehen.

Ausgangsstellung ist die Hocke; die Arme hängen locker vor dem Körper.

Ihr Kind soll nun mit beiden Händen fest das imaginäre Seil umfassen und dabei sein Körpergewicht spüren.

Nun in kleinen Schritten die Hände abwechselnd nach oben führen und das Seil immer wieder neu greifen.

Sich dabei langsam aufrichten, bis der Körper ganz gestreckt ist und das Kind auf den Zehenspitzen steht.

Diese Stellung einige Sekunden halten.

Dann „runterrutschen" bis in die Hocke und entspannen.

Weitere Hilfen

Die nächste Übung dient in erster Linie der Sammlung und der Fokussierung der Gedanken auf die bevorstehende Aufgabe:

Scheuklappen

Die Gedanken sammeln und auf einen Punkt ausrichten – das dient der Vorbereitung auf Konzentration.

Erklären Sie Ihrem Kind, dass Pferde, die einen Wagen ziehen, häufig Scheuklappen tragen, damit sie ihren Blick nur nach vorne richten und sich nicht so leicht ablenken lassen. Dies kann man nachahmen, um sich selbst besser konzentrieren zu können.

Ihr Kind sitzt am Tisch und stützt den Kopf so auf beide Hände, dass die Daumen unterhalb der Ohren liegen und die Hände seitlich an der Stirn (Scheuklappen!). Die vor ihm liegende Arbeitsfläche sollte leer sein, damit auch sie keine Ablenkung bietet. Nun soll Ihr Kind ruhig und gleichmäßig atmen und dabei versuchen, alle Gedanken bewusst auszuschalten. Zur Einstimmung auf die Arbeit kann es danach beispielsweise noch einmal gedanklich den Vormittag mit den einzelnen Unterrichtsstunden durchgehen, sich überlegen, welche Themen behandelt und welche Aufgaben gestellt wurden.

Abwandlung: Soll die Konzentration auf eine ganz bestimmte Aufgabe gelenkt werden, kann das Kind das entsprechende Buch oder Heft aufgeschlagen vor sich hinlegen und sich vorstellen, wie es diese Aufgabe gleich lösen wird.

Wenn Sie möchten, können Sie diese Übung auch einmal für sich selbst ausprobieren: Stellen Sie sich vor, wie Ihr Kind gleich mit der Arbeit beginnen wird. Konzentrieren Sie sich darauf, welche Anforderungen dabei an Sie gestellt werden. Was haben Sie sich für diesen Tag vorgenommen? Worauf wollen Sie besonders achten?

Wenn Ihr Kind wenig Bereitschaft zeigt, sich auf eine solche Übung einzulassen, sie vielleicht sogar albern oder kindisch findet, kann es sehr hilfreich sein, wenn Sie mit gutem Beispiel vorangehen und einfach mitmachen. Möglicherweise nehmen Sie die gemeinsame Übung auch in Ihr Start-Ritual auf.

Fantasiereisen
Wenn Ihr Kind große Schwierigkeiten hat, seine Aufmerksamkeit auf die zu erledigende Arbeit zu richten, etwa weil es durch ein Erlebnis oder ein bevorstehendes Ereignis besonders aufgeregt ist, können Sie ihm mit einer Fantasiereise helfen, zur Ruhe zu kommen.

Fantasiereisen können das Kind in eine ganz neue Stimmung versetzen.

Ihr Kind liegt auf dem Sofa oder sitzt am Tisch und legt den Kopf auf die verschränkten Arme. Bitten Sie es, die Augen zu schließen und zuzuhören. Beschreiben Sie ihm möglichst präzise eine ruhige, entspannende Situation. Sprechen Sie mit ruhiger, gleichmäßiger Stimme und machen Sie dabei nach jedem Satz eine Pause, damit Ihr Kind die Situation nachempfinden kann. Achten Sie außerdem darauf, die „Reise" zu beenden und das Kind zum Schluss wieder in die Wirklichkeit zurückzuholen.

Beispiel:
Du liegst auf einer wunderschönen Blumenwiese.
   – Pause –
   Die Sonne scheint warm auf deinen Körper.
   – Pause –
   Es duftet nach frisch gemähtem Gras.
   – Pause –
   In der Nähe plätschert leise ein kleiner Bach.
   – Pause –

Du hörst die Vögel zwitschern.
– Pause –
Ein Marienkäfer krabbelt auf deine Hand. Du spürst, wie es kitzelt.
– Pause –
Du öffnest die Augen und schaust dem kleinen Käfer zu.
– Pause –
Da breitet der Käfer die Flügel aus und fliegt davon.
Du schaust ihm nach, bis du ihn nicht mehr sehen kannst.
Dann stehst du auf und gehst weiter.

Natürlich kann eine Fantasiereise je nach Bedarf verlängert und ausgeschmückt werden. Wenn Ihr Kind Spaß daran hat, können Sie es auch ermuntern, sich selbst in eine solche Situation hineinzuträumen und zu beschreiben, was es dabei erlebt und empfindet. Oder Sie machen die Reise gemeinsam mit Ihrem Kind und erzählen sich gegenseitig Ihre Eindrücke.

Konzentrationsübungen

Konzentrationsfähigkeit lässt sich gezielt trainieren und dadurch steigern. Dabei kommt es entscheidend darauf an, die Aufmerksamkeit wirklich nur auf eine einzige Sache zu lenken und nicht – wie so oft im Alltag – mehrere Dinge gleichzeitig zu tun.

Genau hinsehen
Genaues Hinsehen kann man zum Beispiel mit Suchbildern üben. Sie kennen sicher aus Zeitschriften die Rätselaufgaben, bei denen man die Unterschiede zwischen zwei auf den ersten Blick gleichen Bildern erkennen muss. Solche Aufgaben mögen fast alle Kinder.

Eine andere Übungsform sind so genannte „Wimmelbilder", also Bilder, auf denen es von Details nur so wimmelt. Lassen Sie Ihr Kind auf dem Bild nach einer bestimmten Einzelheit suchen. Sie können sich auch gegenseitig Suchaufgaben stellen oder, wenn mehrere Mitspieler da sind, ein Wettsuchen veranstalten.

Etwas schwieriger sind Suchaufgaben mit Zahlen oder Buchstaben: Schreiben Sie die Zahlen von 1 bis 30 oder die Buchstaben von A bis Z auf einzelne Kärtchen, verteilen Sie diese bunt durcheinander auf dem Tisch und bitten Sie Ihr Kind, die Kärtchen in der richtigen Reihenfolge wegzunehmen oder (schwieriger) anzutippen. Stoppen Sie die Zeit und wiederholen Sie die Übung einige Tage später. Vielleicht entwickelt Ihr Kind den Ehrgeiz, einen neuen Rekord im Reihenfolge-Finden aufzustellen.

Variante: Wie weit kommt Ihr Kind in einer Minute?

Größere Kinder können Sie nach Fehlern in einem Text suchen lassen. Das können am Anfang falsche Wörter, später auch Schreibfehler sein. Denken Sie daran, dass es bei dieser Übung nicht um Spitzfindigkeiten der deutschen Rechtschreibung geht, und bauen Sie nur Fehler ein, die Ihr Kind erkennen kann. Geben Sie die zu findende Fehlerzahl vor und ermutigen Sie Ihr Kind durchzuhalten, bis es alle gefunden hat.

Nicht nur schnell drüber gucken, sondern Bilder und Texte bewusst wahrnehmen und abspeichern – das ist eine wichtige Übung für konzentriertes Arbeiten.

Suchrätsel

Auf den folgenden Seiten finden Sie Suchrätsel, für deren Lösung wahrscheinlich auch Sie als Erwachsener einige Konzentration aufwenden müssen.

In den Suchquadraten muss Ihr Kind in einem Durcheinander von Buchstaben bestimmte Wörter erkennen. Das erste Quadrat ist noch relativ einfach zu lösen, da die Begriffe nur in zwei Richtungen vorkommen, das zweite stellt eine echte Herausforderung dar – versuchen Sie es doch selbst einmal!

Weitere Hilfen

Bei Suchrätseln können auch Erwachsene Konzentrationsvermögen und Geduld schulen.

Wenn Sie eine solche Übung mit Ihrem Kind durchführen, beobachten Sie, wie es dabei vorgeht. Geht es völlig planlos an die Aufgabe heran und gibt nach kurzer Zeit auf?

Oder entwickelt es einen Lösungsweg, bei dem es die einzelnen Zeilen bzw. Spalten systematisch absucht?

Helfen Sie Ihrem Kind notfalls dabei, einen solchen Lösungsweg zu finden.

Farbrätsel

In diesem Quadrat sind zehn Farben versteckt (von links nach rechts und von oben nach unten):

F	Y	A	M	P	L	O	K	P	R	M	F
T	G	B	S	X	Ä	R	F	L	Q	Ö	R
Ä	E	M	L	I	L	A	T	Ä	W	B	U
Z	L	W	R	V	Z	N	O	K	X	V	S
N	B	L	T	C	E	G	R	Ü	N	T	C
V	P	Ü	B	S	F	E	S	J	B	W	H
Q	U	G	R	E	W	M	Ö	W	V	A	W
A	Ö	T	A	Z	V	L	E	R	O	S	A
Q	X	Z	U	K	C	G	Q	A	E	D	R
P	W	N	N	Ö	Y	R	O	T	T	Ü	Z
H	E	D	G	J	A	A	X	D	B	I	L
S	D	B	L	A	U	U	L	F	K	Z	M

Schulfächer suchen

Hier sind zehn Schulfächer versteckt (senkrecht, waagerecht oder diagonal, vorwärts oder rückwärts):

H	W	H	C	Y	T	P	M	B	S	Q	M	E	G	O	Z	V	E	T	M
V	J	S	A	P	K	O	H	U	R	H	V	E	I	M	H	O	X	U	W
U	L	E	M	K	E	L	F	Y	H	T	S	I	V	G	N	E	S	I	O
G	C	G	A	L	V	W	T	S	S	C	W	M	U	C	O	I	L	W	L
X	W	F	T	Y	C	T	P	X	H	I	F	P	T	N	K	L	X	D	E
D	H	O	H	S	L	Z	A	I	U	W	K	Z	O	F	U	G	O	U	G
R	Y	C	E	M	R	E	C	Y	K	O	S	I	Y	Y	A	Q	P	I	T
F	S	K	M	M	B	H	V	E	U	P	G	Z	K	Y	T	E	X	S	B
Y	P	B	A	I	T	Y	F	V	M	I	I	O	F	G	L	D	L	K	N
O	O	O	T	E	X	V	D	L	L	O	H	Y	S	C	T	N	P	E	S
A	R	N	I	J	I	S	D	E	U	T	S	C	H	Z	K	U	H	C	K
V	T	J	K	D	W	A	R	Z	W	D	S	O	I	O	S	K	J	Z	K
U	K	H	O	F	N	W	H	C	B	D	G	D	I	H	Y	D	S	U	L
F	E	C	X	B	F	O	Y	T	U	Z	Q	G	A	K	Y	R	N	P	O
G	S	C	B	U	Y	Y	I	V	S	I	J	M	P	L	D	E	I	X	A
V	Z	Y	G	S	A	C	M	B	Z	Q	V	G	Y	L	M	I	B	D	K
S	N	I	Q	H	C	S	I	L	G	N	E	H	T	F	O	B	X	P	E
F	Q	A	M	Z	S	D	F	S	E	B	A	W	C	K	T	S	X	D	J
S	P	F	T	V	N	U	I	J	D	L	E	V	G	V	B	D	K	L	I
D	K	V	I	E	K	R	P	G	V	P	C	A	A	Y	S	J	O	U	B

Weitere Hilfen

Tiernamen finden
In dieser Geschichte haben sich 16 Tiere gut versteckt:

> Gestern trafen sich die Jungs aus unserer Straße am selben Platz wie immer zur Blasrohrschlacht. Klaus kam elegant um die Ecke geschlendert, und richtig, er stellte sich gleich vor der großen Plakatwand auf. Das Plakat zeigte den Nationalliga-Torschützenkönig und war in diesem Spiel das Ziel. Dann ging es los. „Leg an!", sagte Tom. Doch es war schwerer als gedacht. Einer traf Fensterscheiben, ein anderer Dachziegel. Dann rieselte aus einem Blumentopf Erde. Zum Schluss wurde auch noch Markus getroffen. Er verzog sich mit seiner Beule hinter einen Busch und jammerte. Endlich hatte es Chris geschafft und das Plakat getroffen, aber ehrlich, das war reine Glückssache.

Genau hinhören

Zum einen Ohr rein, zum anderen Ohr raus – wer kennt das nicht bei seinem Kind?

Zuhören bereitet Kindern oft Probleme, vor allem, wenn das Interesse nicht besonders groß ist. Dies führt oft dazu, dass sie wichtige Informationen nur zum Teil mitbekommen oder ganz verpassen. Auch hier kann gezieltes Training die Aufmerksamkeit verbessern.

Sehr beliebt ist das Spiel, bei dem das Kind mit verbundenen Augen Geräusche, zum Beispiel das Klappern eines Schlüsselbundes oder das Tropfen eines Wasserhahns, erkennen muss.

Etwas abstrakter ist die Übung, bei der zusätzliche Wörter in einen Text eingefügt werden. Das Kind muss beim Hören des Textes diese Wörter erkennen und sie sich merken. Sinnvoll ist es, die Wörter so zu wählen, dass sie einen kurzen Satz ergeben.

Konzentrationsübungen

Beispiel:

> Denis sitzt am Schreibtisch und macht seine Hausaufgaben. Zuerst wer muss er drei Matheaufgaben lösen, dann lernt er die Englisch-Vokabeln und zum Schluss muss er für gut Kunst noch ein Bild fertig malen. Plötzlich reißt seine Mutter die Tür auf und ruft aufgeregt: „Denis, komm mal schnell aufpasst in den Garten, du musst mir helfen!" Denis klappt sofort sein Mathebuch zu und rennt in den Garten hinaus. Seine Mutter kann läuft hinter ihm her und gibt die ganze Zeit merkwürdige Geräusche von sich. „Was ist denn bloß los?", fragt Denis, aber er bekommt das keine richtige Antwort. Die Mutter macht ihn ganz fertig mit ihrem Gequietsche. Schließlich stehen die beiden Rätsel im Gemüsegarten zwischen den Beeten. „Also, was soll ich jetzt tun?", will Denis wissen. „D-d-da sitzt eine fette Raupe auf dem Salat", stottert die Mutter, „k-k-kannst du die leicht vielleicht wegnehmen?" – „Na, wenn's weiter nichts ist", meint Denis, „das schaffe ich doch locker!" Er muss sich schwer beherrschen, damit er nicht losprustet. Aber später lösen in seinem Zimmer macht er sich fast in die Hosen vor Lachen.

Eine andere Übung besteht darin, darauf zu achten, wie oft ein bestimmtes Wort in einem vorgelesenen Text vorkommt. Wählen Sie dazu ein häufig vorkommendes, aber unauffälliges Wort, zum Beispiel „die" oder „er". Sie können Ihr Kind auch auffordern zu zählen, wie viele Wörter des Textes mit einem bestimmten Buchstaben anfangen.

Weitere Hilfen

Kofferpacken

„Kofferpacken" heißt das Spiel, bei dem man sich Gegenstände merken und in der richtigen Reihenfolge aufzählen muss.

Ein Spieler beginnt: „Ich packe meinen Koffer und lege eine Badehose hinein." Der zweite Spieler setzt fort: „Ich packe meinen Koffer und lege eine Badehose und ein T-Shirt hinein." Der nächste Spieler ergänzt: „Ich packe meinen Koffer und lege eine Badehose, ein T-Shirt und eine Sonnenbrille hinein ..."

Abwandlungen sind natürlich möglich, zum Beispiel: „Ich gehe in den Zoo und besuche die Affen, Elefanten, Tiger usw."

Gut aufpassen und schnell reagieren

Reaktionsspiele machen Kindern Spaß und eignen sich besonders für Wettspiele.

Für die folgenden Konzentrationsspiele sind mehrere Mitspieler erforderlich.

Die Spiele können als Wettspiele durchgeführt werden, allerdings ist es nicht sinnvoll, wenn Ihr Kind immer schon in der ersten Runde ausscheidet. Wählen Sie dann lieber eine Variante mit Strafpunkten oder Pfand.

„Opa hat den Hut verloren"

Bei „Opa hat den Hut verloren" wird jedem Mitspieler eine Nummer zugeteilt. Ein Spieler beginnt mit: „Opa hat den Hut verloren; 3 hat ihn."

Nun muss der Spieler mit der Nummer 3 antworten: „3 hat ihn nicht, 5 hat ihn."

Nummer 5 macht weiter mit: „5 hat ihn nicht, 2 hat ihn."

Wer seinen Einsatz verpasst, scheidet aus oder erhält einen Strafpunkt.

Das Ausscheiden einzelner Spieler macht das Spiel komplizierter, da deren Nummer natürlich nicht mehr aufgerufen werden darf.

Pingpong
Für größere Kinder, die die Einmaleins-Reihen schon gut beherrschen, ist „Pingpong" geeignet. Die Mitspieler einigen sich auf eine „verbotene" Zahl, zum Beispiel die 7. Es wird reihum gezählt. Wenn in einer Zahl die Ziffer 7 vorkommt, muss der betreffende Spieler anstelle der Zahl „Ping" sagen. Ist die Zahl durch 7 teilbar, sagt er „Pong". Trifft auf eine Zahl beides zu, „Pingpong". Die 7er-Reihe würde also lauten:
1 – 2 – 3 – 4 – 5 – 6 – Pingpong – 8 – 9 – 10 – 11 – 12 – 13 – Pong – 15 – 16 – Ping – 18 ...
Wer einen Fehler macht, scheidet aus oder erhält einen Strafpunkt.

Anweisungen befolgen

Bildhauer-Spiel
Für das „Bildhauer"-Spiel stellt sich Ihr Kind in einigem Abstand vor Ihnen auf. Erklären Sie ihm, dass es für einen Bildhauer Modell stehen soll und Sie ihm genaue Anweisungen geben, welche Position es einnehmen soll. Fordern Sie es auf, den rechten Fuß nach vorn zu stellen, den linken Arm anzuwinkeln und über den Kopf zu heben, den Kopf nach hinten zu legen usw. „Verknotungen" sind ausdrücklich erlaubt! Je verrückter die endgültige Position wird, desto mehr Spaß wird Ihr Kind an diesem Spiel haben. Tauschen Sie ruhig auch einmal die Rollen und übernehmen Sie selbst die Aufgabe des Modells.

Skyline
Bei „Skyline" zeichnet Ihr Kind nach Ihren Anweisungen ein Muster auf ein kariertes Blatt. Legen Sie einen Anfangspunkt fest und geben Sie dann in gleichmäßigem Tempo Kommandos: „3 Kästchen nach oben, 2 Felder nach rechts ..."

Wenn Ihr Kind schon ein wenig Übung hat, können Sie die Aufgabe komplizierter gestalten, indem Sie Diagonalen, Bogen und Ähnliches einbauen.

Diese Übung schult außerdem sehr gut die Orientierung im Raum.

Checkliste Lese-Rechtschreibschwäche

Anhand bestimmter Auffälligkeiten lässt sich die Lese-Rechtschreibschwäche oft schon früh erkennen.

Wenn Ihr Kind konstant schwache Leistungen im Bereich des Lesens und/oder Schreibens zeigt und trotz Übens kaum oder nur sehr langsam Fortschritte macht, liegt möglicherweise eine Lese-Rechtschreibschwäche vor, die gezielt behandelt werden muss. Erster Ansprechpartner ist sicher die Lehrkraft Ihres Kindes, mit der Sie weitere Schritte abklären können.

Die folgende Checkliste umfasst häufige Auffälligkeiten bei lese-rechtschreibschwachen Kindern. Wenn Sie mehrere dieser Auffälligkeiten bei Ihrem Kind beobachten, kann ein umfassender, professioneller Test Aufschluss darüber geben, ob eine Teilleistungsstörung vorliegt.

- Das Kind hat Schwierigkeiten bei der Laut-Buchstaben-Zuordnung. Es kann sich nur schwer merken, wie einzelne Buchstaben „klingen".
- Es verwechselt häufig ähnlich klingende Laute, zum Beispiel i–ü, u–o, b–p, d–t, g–k.
- Es kann nicht unterscheiden, ob ein Vokal kurz oder lang gesprochen wird.
- Es kann oft nicht erkennen, ob es einen bestimmten Laut am Anfang, in der Mitte oder am Ende eines Wortes hört.
- Es fällt dem Kind schwer, Wörter in Silben zu gliedern, zum Beispiel durch Klatschen.
- Es spricht undeutlich und verschluckt häufig Endsilben.

- Das Kind liest auch nach längerer Zeit nur mühsam und kann selbst kurze Wörter nicht auf einen Blick erfassen.
- Es erfasst nicht oder nur unvollkommen den Sinn des Gelesenen.
- Es geht dem Lesen und besonders dem lauten Vorlesen nach Möglichkeit aus dem Weg.
- Es verwechselt häufig ähnlich aussehende Buchstaben, zum Beispiel b–d, m–n, p–q.
- Es vertauscht beim Lesen und/oder Schreiben Buchstaben oder Silben.
- Es hat generell Schwierigkeiten, eine vorgegebene Reihenfolge einzuhalten oder Reihenfolgen (Alphabet, Monatsnamen usw.) zu erlernen.
- Es kann Wichtiges nicht von Unwichtigem unterscheiden.

Checkliste Dyskalkulie

Eine Rechenschwäche kann in Verbindung mit einer Lese-Rechtschreibschwäche, aber auch isoliert auftreten. In vielen Fällen liegen beiden Störungen dieselben oder sehr ähnliche Wahrnehmungsdefizite zugrunde. Auch hier umfasst die Checkliste häufig zu beobachtende Schwierigkeiten. Wenn solche Schwierigkeiten bei Ihrem Kind über einen längeren Zeitraum auftreten und sich durch Üben nur unwesentlich bessern, sollten Sie mit der Lehrkraft sprechen und Ihr Kind gegebenenfalls testen lassen.

Auch bei einer Rechenschwäche treten ganz typische Probleme mit dem Zahlenverständnis auf.

- Das Kind hat Schwierigkeiten beim Lesen und Schreiben von Zahlen, es verwechselt ähnlich aussehende Zahlen, zum Beispiel 3/8, 6/9.
- Es verdreht häufig Zehner und Einer: zweiundvierzig – 24.
- Es verbindet Zahlen nicht mit einer entsprechenden Menge (von Gegenständen).

Weitere Hilfen

- Es kann Mengen von vier bis fünf Gegenständen nicht auf einen Blick erfassen, sondern muss die Anzahl durch Abzählen ermitteln.
- Es kann sich die Ergänzungszahlen zur 10 nur schwer merken: 3 + 7, 4 + 6 usw.
- Es versteht nicht, dass 3 + 7 gleich 7 + 3 ist bzw. kann diese Einsicht nicht spontan nutzen.
- Es hat Schwierigkeiten, sich in der Zahlenreihe zu orientieren, zum Beispiel beim Rückwärtszählen oder beim Weiterzählen von einer vorgegebenen Zahl.
- Es hat Probleme mit dem Stellenwertsystem (Tausender, Hunderter, Zehner, Einer).
- Es kann nicht spontan Analogien erkennen: 5 + 3 = 8; 25 + 3 = 28 oder 5 + 3 = 8; 50 + 30 = 80.
- Es versteht die Funktion der 0 nicht und macht damit viele Fehler.
- Es verwechselt häufig die verschiedenen Rechenoperationen oder wendet sie bei Textaufgaben willkürlich an.
- Es löst Aufgaben weitgehend durch Abzählen, häufig mit den Fingern.
- Es hat Schwierigkeiten, erlernte Rechenwege abzurufen und die Reihenfolge der einzelnen Schritte einzuhalten.

Lerntypentest

Wer lerntypgerecht arbeitet, lernt viel effektiver.

Mit diesem einfachen Lerntypentest können Sie überprüfen, auf welche Art der Informationsaufnahme Ihr Kind am besten reagiert; diesen Lernweg können Sie dann verstärkt nutzen. Der Test umfasst vier Abschnitte, die Sie am besten an vier aufeinander folgenden Tagen durchführen. Der Zeitaufwand beträgt jeweils nur wenige Minuten.

Lerntypentest

Im Einzelnen werden folgende Lernwege getestet:
1. Visueller Lerntyp (Schwerpunkt Bilder)
2. Visueller Lerntyp (Schwerpunkt Lesen)
3. Auditiver Lerntyp (Hören)
4. Kinästhetischer Lerntyp (Handeln)

Vorgehensweise:
Ziel jeden Abschnitts ist es, dass sich Ihr Kind von zehn Begriffen, die auf unterschiedlichem Weg vermittelt werden, möglichst viele merkt. Lassen Sie Ihr Kind beim ersten Test die einzelnen Bilder benennen und geben Sie ihm dann eine Minute Zeit, sich die Begriffe einzuprägen. Anschließend soll es eine Minute lang rechnen (einfache Kopfrechenaufgaben). Danach hat es wiederum eine Minute Zeit, alle Begriffe zu nennen oder aufzuschreiben, an die es sich erinnert. Tragen Sie das Ergebnis in die Auswertung ein.

Der gleiche Ablauf gilt auch für den zweiten Test: Begriffe einmal vorlesen lassen, innerhalb einer Minute einprägen, eine Minute rechnen, erinnerte Begriffe nennen oder aufschreiben.

Für den dritten Test lesen Sie die zehn Begriffe bitte langsam und deutlich vor, Ihr Kind soll dabei die Wörter nicht sehen.

Beim vierten Test soll Ihr Kind die Begriffe abschreiben und sie sich dabei einprägen.

Wenn Sie alle Ergebnisse eingetragen haben, können Sie leicht erkennen, welchen Lernweg Ihr Kind bevorzugt. Denken Sie jedoch daran, dass eine Kombination verschiedener Lernwege die dauerhafte Speicherung von Lerninhalten begünstigt.

Weitere Hilfen

Visueller Lerntyp (Schwerpunkt Bilder)

!	(
3	<
\	T
F	g
r	}

Visueller Lerntyp (Schwerpunkt Lesen)

Drachen	Autobahn
Zeichenblock	Rose
Schornstein	Klasse
Papierkorb	Frosch
Insel	Regenschirm

Weitere Hilfen

Auditiver Lerntyp (Hören)

Kalender

Apfel

Messer

Schwein

Bettdecke

Telefon

Schulranzen

Hexe

Stern

Schlitten

Kinästhetischer Lerntyp (Handeln)

Lesebuch	
Schraube	
Mond	
Giraffe	
Steckdose	
Erdbeere	
Pferdestall	
Segelboot	
Ball	
Bleistift	

Weitere Hilfen

Auswertung

```
              Visuell (Bilder) 10 |
                             9 |
                             8 |
                             7 |
                             6 |
                             5 |
                             4 |
                             3 |
                             2 |           Visuell (Lesen)
                             1 | 1  2  3  4  5  6  7  8  9  10
  ─────────────────────────────
  10  9  8  7  6  5  4  3  2  1 | 1
  Kinästhetisch                 | 2
  (Handeln)                     | 3
                                | 4
                                | 5
                                | 6
                                | 7
                                | 8
                                | 9
                                | 10  Auditiv (Hören)
```

Anhang

Verordnung zur Gestaltung des Schulverhältnisses

(Auszug aus den Richtlinien des Landes Hessen – Fassung vom 1.8.2000)

§ 28 Hausaufgaben

(1)
Das Schwergewicht der Arbeit der Schule liegt im Unterricht. Hausaufgaben ergänzen die Unterrichtsarbeit durch Verarbeitung und Vertiefung von Einsichten und durch Anwendung von Kenntnissen und Fertigkeiten. Sie können auch zur Vorbereitung neuer Unterrichtsstoffe dienen, sofern die altersmäßigen Voraussetzungen und Befähigungen der Schülerinnen und Schüler dies zulassen. Hausaufgaben sind bei der Leistungsbeurteilung angemessen zu berücksichtigen.

(2)
Umfang, Art und Schwierigkeitsgrad der Hausaufgaben sollen dem Alter und dem Leistungsvermögen der Schülerinnen und Schüler angepasst sein. Hausaufgaben sollen so vorbereitet und gestellt werden, dass sie ohne außerschulische Hilfe in angemessener Zeit bewältigt werden können. Bei der Erteilung von Hausaufgaben soll die tägliche Gesamtbelastung der Schülerinnen und Schüler und ihr Recht auf individuell nutzbare Freizeit angemessen berücksichtigt werden. Lehrerinnen und Lehrer einer Lerngruppe stimmen sich über den Umfang der Hausaufgaben untereinander ab.

(3)
Hausaufgaben sind in den Unterricht einzubeziehen und zumindest stichprobenweise regelmäßig zu überprüfen. Ein schriftliches Abfragen der Hausaufgaben, beispielsweise in der Form von Vokabelarbeiten, ist zulässig, wenn es sich auf die Hausaufgaben der letzten Unterrichtswoche bezieht, nicht länger als 15 Minuten dauert und nicht die Regel darstellt.

(4)
Findet am Samstag Unterricht statt, werden in den Jahrgangsstufen 1 bis 9 vom Samstag zum darauf folgenden Montag keine Hausaufgaben gestellt. Dies gilt auch von Freitag auf Montag, wenn am Freitagnachmittag Unterricht stattfindet. In den Jahrgangsstufen 1 bis 4 dürfen von einem Tag mit Nachmittagsunterricht zu einem nächsten Tag mit Vormittagsunterricht keine Hausaufgaben erteilt werden.

(5)
Über die Ferien sollen keine Hausaufgaben gegeben werden.

Bestimmungen über Hausaufgaben

- Folgende Arbeitszeiten für die täglichen Hausaufgaben sollten nicht überschritten werden:
    - Jahrgangsstufen 1 und 2: bis zu einer $1/2$ Stunde.
    - Jahrgangsstufen 3 und 4: bis zu einer $3/4$ Stunde.
    - Jahrgangsstufen 5 und 6: bis zu 1 Stunde.
    - Jahrgangsstufen 7 und 8: bis zu $1 1/2$ Stunden.
    - Jahrgangsstufen 9 und 10: bis zu 2 Stunden.

- In der Oberstufe müssen Art, Form, Umfang und Zielsetzung der häuslichen Arbeiten der zunehmenden Selbstständigkeit oder Eigenverantwortlichkeit der Schülerin oder des Schülers Rechnung tragen. Nach Möglichkeit sollten der Samstag und der Sonntag arbeitsfrei bleiben.
- Das Thema „Hausaufgaben" soll auf Versammlungen der Klassenelternschaft mit den Eltern erörtert werden. Hierbei sollten den Eltern von den Lehrerinnen und Lehrern auch Informationen und Hilfen gegeben werden, die geeignet sind, zum besseren Verständnis der Hausaufgaben und ihrer pädagogischen Zielsetzung beizutragen.

Weiterführende Literatur

Endres, W. u. a.: So macht Lernen Spaß. Praktische Lerntipps für Schüler und Schülerinnen. Beltz, 15. Aufl. 1995
Endres, W. / Bernard, E.: So ist Lernen Klasse. Der beste Lernweg für mein Kind. Kösel, 2. Aufl. 1992
Kohler, B.: Hausaufgaben. Helfen – aber wie? Beltz, 5. Aufl. 1998
Portmann, R. / Schneider, E.: Spiele zur Entspannung und Konzentration. Don Bosco, 11. Aufl., 1997
Zimmer, K.: Versteh mich doch bitte! Über die alltäglichen Missverständnisse zwischen Kindern und Erwachsenen. Kösel, 5. Aufl. 1995

Auflösungen von Seite 110 und 111

Farbrätsel

Blau, Braun, Gelb, Grau, Grün, Lila, Orange, Rosa, Rot, Schwarz

F	Y	A	M	P	L	O	K	P	R	M	F
T	G	B	S	X	Ä	R	F	L	Q	Ö	R
Ä	E	M	L	I	L	A	T	Ä	W	B	U
Z	L	W	R	V	Z	N	O	K	X	V	S
N	B	L	T	C	E	G	R	Ü	N	T	C
V	P	Ü	B	S	F	E	S	J	B	W	H
Q	U	G	R	E	W	M	Ö	W	V	A	W
A	Ö	T	A	Z	V	L	E	R	O	S	A
Q	X	Z	U	K	C	G	Q	A	E	D	R
P	W	N	N	Ö	Y	R	O	T	T	Ü	Z
H	E	D	G	J	A	A	X	D	B	I	L
S	D	B	L	A	U	U	L	F	K	Z	M

Schulfächer suchen

Biologie, Deutsch, Englisch, Erdkunde, Geschichte, Mathematik, Musik, Physik, Religion, Sport

H	W	H	C	Y	T	P	M	B	S	Q	M	E	G	O	Z	V	E	T	M
V	J	S	A	P	K	O	H	U	R	H	V	E	I	M	H	O	X	U	W
U	L	E	M	K	E	L	F	Y	H	T	S	I	V	G	N	E	S	I	O
G	C	G	A	L	V	W	T	S	S	C	W	M	U	C	O	I	L	W	L
X	W	F	T	Y	C	T	P	X	H	I	F	P	T	N	K	L	X	D	E
D	H	O	H	S	L	Z	A	I	U	W	K	Z	O	F	U	G	O	U	G
R	Y	C	E	M	R	E	C	Y	K	O	S	I	Y	Y	A	Q	P	I	T
F	S	K	M	M	B	H	V	E	U	P	G	Z	K	Y	T	E	X	S	B
Y	P	B	A	I	T	Y	F	V	M	I	I	O	F	G	L	D	L	K	N
O	O	O	T	E	X	V	D	L	L	O	H	Y	S	C	T	N	P	E	S
A	R	N	I	J	I	S	D	E	U	T	S	C	H	Z	K	U	H	C	K
V	T	J	K	D	W	A	R	Z	W	D	S	O	I	O	S	K	J	Z	K
U	K	H	O	F	N	W	H	C	B	D	G	D	I	H	Y	D	S	U	L
F	E	C	X	B	F	O	Y	T	U	Z	Q	G	A	K	Y	R	N	P	O
G	S	C	B	U	Y	Y	I	V	S	I	J	M	P	L	D	E	I	X	A
V	Z	Y	G	S	A	C	M	B	Z	Q	V	G	Y	L	M	I	B	D	K
S	N	I	Q	H	C	S	I	L	G	N	E	H	T	F	O	B	X	P	E
F	Q	A	M	Z	S	D	F	S	E	B	A	W	C	K	T	S	X	D	J
S	P	F	T	V	N	U	I	J	D	L	E	V	G	V	B	D	K	L	I
D	K	V	I	E	K	R	P	G	V	P	C	A	A	Y	S	J	O	U	B